CEREBRO Y LIDERAZGO

CLAVES PARA TRANSFORMAR TU FORMA DE PERSUADIR

RENÉ RODRIGUEZ

TALLER DEL ÉXITO

Cerebro y liderazgo

Publicado por:
Taller del Éxito, Inc.
Sunrise, Florida 33323
Estados Unidos
www.tallerdelexito.com

Editorial dedicada a la difusión de libros y audiolibros de desarrollo y crecimiento personal, liderazgo y motivación.

Traducción y corrección de estilo: Isabela Cantos
Diseño de cubierta y diagramación: María Alexandra Rodríguez

ISBN: 9781607388036

25 26 27 28 29 R | GIN 07 06 05 04 03

Para Maddy.
Todos los días. Por el resto de mi vida.

TABLA DE CONTENIDO

PREFACIO

La tecnología ha avanzado en nuestra sociedad mucho más de lo que podríamos habernos imaginado. Tristemente, nuestra sabiduría e inteligencia emocional no han avanzado a la misma velocidad. *Cerebro y liderazgo* es el primer libro de su clase que finalmente tomará lo que hemos aprendido gracias a la ciencia y lo convertirá en algo aplicable y entendible no solamente para los líderes, sino para cualquiera que necesite influenciar el comportamiento de las personas. Este libro no podría haber llegado en un mejor momento.

Hace años empecé con mi carrera en una de las mejores universidades de Estados Unidos. En contraste con los típicos profesores de Administración, yo ya había fundado, manejado o participado activamente en varias empresas. Además, tenía las credenciales académicas requeridas, incluyendo un doctorado en Economía. Vi esa cátedra universitaria como una oportunidad real para observar y conocer a los estudiantes, todo con el objetivo de atraer a los mejores para que trabajaran en esas empresas. Lo que descubrí me sorprendió y me decepcionó. Aunque me di cuenta de que esos estudiantes estaban tremendamente bien educados en los aspectos funcionales de la Administración (habilidades duras como el conocimiento de la contabilidad, las finanzas, las leyes empresariales y el manejo de proyectos), les costaban mucho trabajo las interacciones sociales importantes que se basan en habilidades blandas como la comunicación, la inteligencia emocional y la capacidad de ser mentores. Hablé de eso con el director de la maestría y le dije que si yo me estaba encontrando con esas dificultades, a las otras compañías que estaban contratando a quienes se graduaban les estaría pasando lo mismo, así que deberíamos incluir esas habilidades en nuestro plan de estudios. Me miró con algo de confusión y dijo: «entienda que aquí nos enfocamos en los axiomas, los teoremas, las fórmulas y los principios... en las habilidades duras. No nos enfocamos en 'entrenar esas cosas'». Sin creer lo que escuchaba, le pregunté: «entonces, ¿quiere que me pare frente a más de 200 estudiantes de maestría y les diga qué es lo que se necesita para ser un gran líder sabiendo que los estamos condenando al fracaso?». A eso respondió: «sí, siempre y cuando paguen la matrícula». Así que hice la única cosa lógica: renuncié y fundé mi propia escuela de administración.

De acuerdo con el presidente de la AACSB en ese momento, fue una de las primeras escuelas de administración creadas por una persona natural. De inmediato empezamos a trabajar en los elementos faltantes del liderazgo que había observado y experimentado. Contratamos a científicos cognitivos, psicólogos sociales, antropólogos, biólogos evolutivos, psicólogos educativos y neurocientíficos. Motivados y emocionados por el potencial que vimos en la neurociencia, organizamos la primera Cumbre de NeuroLiderazgo en nuestro campus de Italia. (Si se tiene la capacidad de crear una escuela de administración, ¿por qué no ubicarla en una locación genial?). Poco después cocreamos el Instituto de NeuroLiderazgo, lo cual nos dio acceso a los mejores neurocientíficos del mundo. Entre muchos descubrimientos y maravillosos momentos «¡eureka!», creamos un programa de desarrollo personal llamado VIDA. Un buen amigo y estudiante de VIDA, Marcelo Montero, estaba liderando Cargill's Salt en ese momento. Me contó sobre un consultor con el que estaba trabajando y que estaba aplicando la neurociencia para ayudar a su equipo de liderazgo a comunicarse más efectivamente a través del arte de contar historias, de un lenguaje corporal congruente y de la ciencia de la influencia. Él lo refirió a nuestro programa VIDA y allí fue donde conocí a una persona, con el pecho como un barril, la voz gruesa y presencia de estatua, que se hacía llamar René Rodriguez. Se sentó en primera fila, tomó todas las notas posibles e hizo todas las preguntas que pudo. Me sorprendió mucho cuán enganchado estaba. Yo era el profesor y René era el estudiante.

René tenía una experiencia de VIDA poderosa, pero luego cada uno se fue por su camino y hablamos de vez en cuando.

Después de unos años, recibí una llamada de Marcelo, quien me dijo que sentía que debía contactar de nuevo a René porque estaba haciendo algo nuevo que podría encajar con el trabajo y las investigaciones de liderazgo que nos encontrábamos desarrollando. En poco tiempo, René y yo nos pusimos en contacto otra vez y las ideas empezaron a volar. Me hizo una pregunta interesante: dados mis más de 40 años de experiencia investigando las mejores prácticas de liderazgo, ¿cuál creía yo que sería el siguiente gran paso en el desarrollo de los líderes? Esa era una pregunta con la que había estado batallando durante años. En nuestro programa teníamos esta definición de liderazgo: *un grupo, una relación influyente y un objetivo compartido*. Nuestro programa estaba cubriendo las necesidades del componente de grupo de esa definición y, en la mayoría de las ocasiones, la estrategia de la compañía dictaba el objetivo compartido. Le dije a René que lo que faltaba era el componente influyente. Estuvimos de acuerdo con que era un área compleja y, como muchas necesidades importantes de desarrollo personal y profesional, tenía muchas partes que se movían. René siguió haciéndome una amplia variedad de preguntas que me dejaron pensando.

Finalmente, mi curiosidad quedó satisfecha cuando René me dijo que tenía algo que quería que viera y que experimentara, algo llamado AMPLIFII. Me contó que eso estaba enfocado en el componente de influencia que le faltaba a la mayoría de los programas de desarrollo del liderazgo. Me dijo que transformaría cómo nos comunicamos e interactuamos con otros en nuestros múltiples eventos sociales importantes. Entre muchos otros descubrimientos interesantes, me explicó, con un entusiasmo que sólo tiene René, cómo había unido efectivamente los modelos de persuasión de Aristóteles con investigaciones relevantes de neurociencia. Me explicó cómo había atado la importancia del marco, un concepto que hizo famoso el profesor Daniel Kahneman (laureado con el Premio Nobel), por sus aplicaciones financieras, con la «secuenciación» cerebral para ofrecerles a sus estudiantes una guía práctica verdaderamente comprensible sobre cómo construir una narrativa y, así, mejorar sus habilidades de influencia.

Luego nos adentramos en conversaciones sobre los vacíos de narrativas en las fuerzas laborales inconsistentes y remotas y cómo crean nuevas oportunidades para que los líderes se aprovechen del proceso de reforzar una marca y de las redes sociales de maneras diferentes. Me persuadió para creer que la marca personal ya no solamente se trata de algo para vender o para hacer esfuerzos de mercadeo, sino que es algo esencial en el liderazgo y otros tipos de comunicación. Se refirió a eso como su «marca de liderazgo», algo que nosotros también habíamos estado estudiando, aunque desde otra perspectiva. Nosotros, la comunidad científica, habíamos identificado un problema. ¡René ha tenido una solución durante casi 20 años! Es una solución que se basa en la misma ciencia sobre la que construimos nuestro sistema de desarrollo personal. Habíamos comprendido el poder de la ciencia para darle a los aprendices la confianza para dar esos primeros pasos difíciles, pero importantes, que a menudo inhiben los esfuerzos del desarrollo personal. El AMPLIFII™ de René no podría haber llegado en un momento más importante para todos nosotros.

En los 30 años que han pasado desde que dejé oficialmente la academia para fundar mi propia escuela de administración, las cosas han cambiado significativamente en cuanto a nuestra necesidad de tener herramientas para desarrollar habilidades blandas. Aunque sin duda la tecnología ha hecho que nuestras vidas sean mejores, esas mejoras no han llegado sin efectos secundarios importantes. Hace solo 50 años, la mayoría de nosotros moría cerca de los lugares en donde habíamos nacido. Los desarrollos rápidos y sin precedentes en el transporte, las comunicaciones y las tecnologías digitales han permitido, lenta y seguramente, que nos alejemos unos de otros mientras, al tiempo, nos unimos más que nunca, mezclando culturas, integrando nacionalidades y transformando nuestros antiguos mundos locales en un mundo que es global en todos los aspectos importantes. Los días de vivir en la misma comunidad toda la vida, de ir a las mismas escuelas, iglesias, supermercados y peluquerías que nuestros amigos, vecinos, padres, abuelos y profesores se han acabado. Como consecuencia, en realidad no nos conocemos, pero aún queremos creer que sí. Esos vacíos narrativos comunes e ignorados en nuestras conversaciones, los cuales nuestros cerebros podrían rellenar fácil y efectivamente basándose en nuestras experiencias compartidas de vida local, son completamente inapropiados e inaplicables en nuestro nuevo ambiente de vida global y heterogéneo.

¿Cómo estamos experimentando esto usted y yo? Esa misma tecnología que nos hace la vida mejor también ha dado pie a unos fenómenos recientes, como trabajar con personas difíciles, manejar los conflictos, conversaciones complicadas, enfrentamientos duros, matones en el lugar de trabajo, manejar los cambios y otra cantidad de interacciones sociales inefectivas. Las habilidades requeridas de interacción social, que son habilidades humanas esenciales, no se han desarrollado como lo hacían en nuestras vidas pasadas locales a través de conversaciones cara a cara, contar historias, crear narrativas e influencia interpersonal efectiva. Ahora necesitamos aprender cómo crear esas narrativas más que nunca. Como no podemos depender de una base de experiencias compartidas y comunes, tendremos que contarnos y preguntarnos cosas para aprender a construir esas narrativas. Y con cada día que pasa en este nuevo ambiente global, esa necesidad se va haciendo más grande.

Entonces, en este nuevo ambiente global, no es para nada sorprendente que quienes son lo suficientemente afortunados como para pasar por el programa AMPLIFII™ de René en persona tengan un nuevo estilo de vida y una habilidad renovada para conectar de formas significativas con sus familias, amigos y colegas, así como con clientes y compradores. De verdad estamos programados para ser sociales y esa fue una de las lecciones positivas que nos dejó el COVID. Para aquellos de nosotros que no hemos tenido la fortuna de pasar por AMPLIFII™ en persona, existe *este* emotivo y maravilloso libro que nos guía y nos apoya a lo largo del proceso para reunirnos con esas habilidades sociales tan importantes.

En cuanto a mi experiencia personal, aprender las metodologías AMPLIFII™ fue una experiencia muy profunda para mí. Y esa vez René fue el profesor y yo el estudiante, un estudiante muy atento. Soy un científico que pasa demasiado tiempo enfocado en el *logos*, los datos, las estadísticas, los números y otros componentes lógicos del descubrimiento en un intento por ser persuasivo. Con paciencia, René me enseñó que me estaba fallando a mí mismo porque estaba dejando de lado el *pathos*, la emoción, la razón por la que otros sentirían la necesidad o el deseo de escuchar. Es importante anotar que observé y experimenté que su mensaje va mucho más allá de la influencia y se extiende a empoderar a las personas a hacer el bien en el mundo. A veces me pregunto si René oculta sus verdaderas intenciones de hacer de este mundo un lugar mejor bajo una capa de negocios, de modo que pueda alcanzar a las personas altamente influyentes del planeta. Con una madre que antes fue monja, no creo que eso sea descabellado. Si alguna vez tiene la oportunidad de conocerlo en persona, creo que estará de acuerdo conmigo en que él es diferente y tiene un muy buen corazón.

Hace un año habría escrito este prefacio desde mi punto de vista científico del mundo y usted quizás no lo hubiera leído completo. AMPLIFII fue perfecto para mí y ahora comparto esas habilidades valiosas con otras personas todos los días a través de mis interacciones y mi comunicación. Cada uno de mis estudiantes, ya sean de pregrados, grados, maestrías o ejecutivos, disfrutará una copia de este libro. René es el profesor y nosotros somos sus estudiantes. Y ahora, gracias a este libro y a la energía que René ha dedicado para comunicar este mensaje importante, usted también puede ser uno de sus estudiantes.

—Dr. Al H. Ringleb.
Presidente, fundador, profesor de los programas de
Administración de CIMBA y cofundador de la
Universidad de Iowa, Instituto de NeuroLiderazgo.

INTRODUCCIÓN

Todos tenemos ideas que compartir con el mundo. Que lo hagamos con éxito en los negocios y en la vida no depende únicamente de hacer que otros nos escuchen, sino de que actúen de acuerdo con lo que decimos. Ese es el poder de la influencia, la capacidad de tener un efecto sobre un resultado e influenciar positivamente un cambio.

¿Alguna vez ha compartido una historia y nadie lo ha escuchado? ¿Ha contado un chiste y nadie se ha reído? ¿O ha intentado vender un producto y nadie se lo compró? Todos esos son escenarios dolorosos y demasiado comunes que pueden hacer que nos sintamos solos e insignificantes por nuestra incapacidad de influenciar el mundo que nos rodea.

La buena noticia es que las cosas no tienen que ser así. La influencia es una ciencia que puede aprenderse. AMPLIFII™, mi aproximación exitosa y comprobada hacia la influencia, es su guía.

Ya sea un gerente intentando inspirar a su equipo, un padre dándole consejos a su hijo o un vendedor intentando cerrar un trato, el objetivo es el mismo: influenciar una acción o decisión. El liderazgo se trata de influencia, así como el mercadeo, la enseñanza, la administración, la paternidad, la auditoría y la comunicación. Básicamente, cada profesión o acto que valga la pena en la vida requiere de algún nivel de influencia para que encontremos el éxito.

Este libro revela los propulsores ocultos que les dan forma a nuestras decisiones y comportamientos. En estas páginas, usted verá cuán susceptible es a la influencia de otros. Aprenderá cómo las personas hacen compras y toman decisiones subconscientemente como resultado de las historias que otros comparten y cómo la secuencia (el orden de las cosas) importa más que la sustancia.

La mayoría de las personas no se dan cuenta de que la oportunidad para influenciar está en todas partes. Entender esa posibilidad puede tener un impacto inmediato en la habilidad de cualquiera de comunicar ideas de una manera más eficiente. Es por eso que aprender a reunir (o amplificar) ese poder para influir puede transformar nuestras vidas, aumentar nuestra felicidad y ayudarnos a encontrar nuevos niveles de éxito.

Imagínese la sensación de que las personas escuchen con atención sus propuestas de negocio, se rían histéricamente con sus bromas y queden cautivados por sus ideas. Esa habilidad para captar la atención nos da la oportunidad de compartir ideas y de que sean escuchadas. Ese es el sentimiento de influencia, el sentimiento de ser importante y de tener un impacto en el mundo que nos rodea.

¿No sería genial tener la sabiduría y las habilidades para influenciar de verdad a otros y tener mejores resultados? Cualquiera puede aprender a hacer que eso suceda con las herramientas y el conocimiento correctos. AMPLIFII™, mi aproximación para aplicar la ciencia de la motivación, la atención, el contar historias y el lenguaje corporal, no solo le mostrará cómo reconocer y crear momentos de influencia, sino también cómo aprovecharlos para transformar su vida personal y profesional.

La influencia es la habilidad más poderosa para tener éxito cuando se aprende a usar apropiada y éticamente. Aristóteles, el filósofo de la antigua Grecia, fue el primero en reconocer este poder de persuasión y cómo aprovecharlo. Hablaré un poco de los elementos de lo que luego fue conocido como el triángulo retórico de Aristóteles, así como de otras apelaciones motivacionales olvidadas, y por qué sus sabias palabras de hace más de 2.000 años importan incluso más ahora en cualquier discusión sobre el poder de la influencia.

Esta es su guía práctica para maximizar su influencia personal y profesional. Es un viaje que tomaremos juntos con el objetivo de que aprenda cómo convertirse en un mejor líder e influenciador en todo lo que haga.

En estas páginas le presentaré la sencilla fórmula de AMPLIFII™ y usted se unirá a miles de personas que ya han entendido qué se requiere para convertirse en un comunicador, influenciador y líder más poderoso. Con las metodologías AMPLIFII™, se dará cuenta inmediatamente del impacto que tiene sobre otros cuando se comunica auténtica y efectivamente. Como líder será capaz de compartir mejor su visión, ganarse el apoyo de sus equipos y presentar información difícil de una forma que mantenga a la gente enganchada y atenta.

También aprenderá a entender y usar mejor el poder de contar historias. Algunos de los líderes más influyentes (desde Nelson Mandela hasta Winston Churchill, Jim Rohn y Steve Jobs) no eran solo grandes oradores. También eran narradores magníficos que eran capaces de crear imágenes con palabras cuidadosamente escogidas, de modo que sus historias tenían poder.

No obstante, no eran únicamente las historias las que cautivaban a los oyentes. Era la forma en la que estos líderes las contaban y su habilidad para incorporar sus mensajes dentro de esas historias. En estas páginas explicaremos los detalles de cómo sucede eso y le daré un proceso simple que puede seguir para que usted también pueda encontrar su voz y la influencia que necesita para además comunicar sus ideas efectivamente, hacer que la gente actúe de acuerdo con ellas.

AMPLIFII™ empieza reconociendo que todos tenemos una cosa en común: un cerebro. La influencia se trata de entender cómo nuestros cerebros y los de nuestra audiencia procesan la información. Cuando entendemos ese proceso, nuestro trabajo, nuestra vida y nuestro negocio se hacen más fáciles. Lo mismo pasa con la comunicación, las relaciones interpersonales, el trabajo de marca, los mensajes, la resolución de conflictos, las ventas y básicamente todo lo que involucre a seres humanos con cerebros que estén trabajando en pro de un objetivo común.

A lo largo de los últimos 27 años aplicando la neurociencia y la psicología al liderazgo, la comunicación, el cambio, las ventas y la influencia, he aprendido ciertas verdades fundamentales que aplican para muchas industrias y para la vida. Se las compartiré con AMPLIFII™. También le ayudaré a sentar las bases para volverse más efectivo (con la ayuda de sus propias historias) como líder e influenciador poderoso en todo lo que haga. Le mostraré, paso a paso, cómo los propulsores ocultos del comportamiento llevan a resultados deseados (e indeseados) y cómo inclinar la balanza en su favor.

Aprenderá cómo construir un mensaje poderoso que pueda prevenir cuestionamientos duros y predecibles, así como a entender y comunicar mejor su mensaje (sea cual sea ese mensaje). Mencionaré por qué la autoconciencia, la emoción y el contar historias son los ingredientes secretos para crear influencia. También abordaré el poder de cómo se entrega un mensaje: la secuenciación, el lenguaje corporal y la importancia de cada uno, así como la forma de conectar emocionalmente con su audiencia, ya sea de una, diez, cien, mil o más personas.

Más cosas que podrá aprender en estas páginas:

- Aumentar la autoconciencia y la presencia para promover un liderazgo basado en valores.

- Conectar con su historia de origen (esa que lo hace ser quien es), los valores y la sabiduría de su corazón para desatar el poder de su voz más auténtica. (Para influenciar a las personas, necesitan saber que le importan a usted).

- Entender cómo llegar a los corazones y mentes de la gente al usar una comunicación efectiva basada en la fórmula AMPLIFII™.

- Aumentar la confianza en sí mismo y comunicarse más efectivamente cada día.

- Ganar una ventaja personal que lo empodere a continuar floreciendo y teniendo éxito.

- Elevar su nivel como un influenciador decisivo y un líder auténtico al aprender a dejar que su corazón hable en una secuencia que entienda el cerebro del escucha.

Al final del viaje por estas páginas tendrá una lista que lo ayudará a prepararse para cualquier presentación u oportunidad para influir. Lo mejor de todo es que esa lista se volverá parte de su ser. Empezará a hacerse automáticamente esas preguntas, a seguir esas secuencias y a cosechar los beneficios de comunicar mensajes de una forma poderosa y con nuevos niveles de impacto.

Este libro también incluye ejercicios simples para ayudarlo a entender mejor los conceptos. Cada capítulo tiene unas lecciones muy poderosas (puntos esenciales) al final.

Lo animo a que también use esas aproximaciones útiles y que tome tantas notas en los márgenes como sea posible. Use su resaltador, subraye conceptos, tome fotos o lo que sea necesario para que recuerde lo importante.

Este libro le dará las herramientas para dominar el arte y la ciencia de la influencia. Así pues, emprendamos el camino para que se convierta en un líder más influyente en todo lo que haga. Me honra que haya escogido este libro como su guía. Tengo muchas ganas de salir en este viaje con usted.

—René Rodriguez.

PARTE I

EL CONCEPTO

CAPÍTULO 1

EL PODER DE LA INFLUENCIA

La fórmula AMPLIFII™ = Marco/Mensaje/Argumento de cierre

AMPLIFII™ puede influenciar positivamente su negocio y su vida. Pero, para compartir ese mensaje poderoso, primero debemos ser persuadidos para escuchar. Ese es el reto más crucial en el mundo de la influencia: hacer que otros escuchen lo que tenemos por decir.

Vivimos en un mundo en el que, en apariencia, todos compiten por nuestra atención. Nos bombardean constantemente con correos electrónicos, mensajes de texto, redes sociales, reuniones, publicidades, películas, televisión y más. Sólo con la publicidad, se estima que la persona promedio se ve expuesta a entre 6.000 y 10.000 anuncios en diferentes formatos todos los días. Eso es casi el doble de lo que era hace una década[1].

La realidad es que todas estas distracciones claman por nuestra preciada atención. Y usted hace lo mismo. Quiere una audiencia que escuche lo que diga porque también tiene algo que promocionar, ya sea que esté vendiendo un producto, enseñando una clase, compartiendo una visión, manejando personas o sencillamente hablando con alguien más.

Controle el salón

Hace poco le di una conferencia magistral a un grupo de profesionales de ventas y mercadeo en Dallas, Texas. El desafío más grande no fue saber de qué hablar (para eso tenía un plan claro), sino que mi discurso sucedió cuando las 600 personas estaban almorzando.

Eso significaba que había 600 personas moviendo platos, tenedores y cuchillos y una docena de meseros caminando por todas partes, haciendo su trabajo e ignorando al orador que intentaba comunicar un mensaje.

Una tarea complicada

Para aquellos que jamás han hecho negocios o dado un discurso a la hora de almuerzo, sepan que es una de las tareas más complicadas. Claro, a menos que sepa cómo controlar el salón. No obstante, en este evento, la buena noticia fue que otro orador me precedió, así que lo peor de la bulla y del almuerzo ya había pasado cuando yo subí al escenario.

Sin embargo, mi predecesor no contó con tanta suerte. No empezó su presentación caminando entre la audiencia para ganarse su atención y tampoco hizo ningún otro intento de conectar con ellos antes de comenzar. Dio un discurso apasionado y desde el corazón, el cual estaba lleno de mensajes increíbles. El problema fue que su discurso se vio opacado por el ruido de los platos, de los cubiertos y de personas maleducadas que hablaban alto, como si no les importara que hubiera un orador allí. El hombre obviamente estaba molesto y quienes le prestamos atención pudimos sentir su dolor.

Lección uno: tome el control del salón y capte la atención de su audiencia.

La aproximación correcta

Luego fue mi turno. Me pareció que los ruidos y las charlas se hicieron más fuertes cuando caminé hacia el escenario y supe que tenía que actuar rápido para evitar el inminente desastre que me esperaba. Después de los aplausos obligatorios de bienvenida, le pedí de inmediato a todo el mundo que se levantara de sus asientos. Cuando todos estuvieron de pie, dije:

Todos los que estamos en este salón tenemos una cosa en común. Todos necesitamos influenciar a otros con nuestras ideas en un mundo altamente distraído. Hoy me encuentro en un escenario frente a 600 personas que están almorzando, moviendo platos y teniendo conversaciones. Es una situación que no es diferente a las que todos ustedes pueden enfrentarse regularmente cuando intentan transmitirles a sus clientes potenciales el valor que tiene su propuesta por encima de la de los competidores.

Entonces, ¿qué hacemos? Primero queremos asegurarnos de que presentamos ese valor en el mejor escenario posible. Para que yo pueda hacerlo, debo pedirles dos cosas. Primero, agradezcámosle al increíble personal que está hoy aquí haciendo un gran trabajo. Si aún tienen platos, ubíquenlos en las bandejas y llévenlos afuera para que podamos empezar. Tienen un par de minutos para hacerlo mientras yo le pido a la audiencia que haga un ejercicio corto.

En ese momento, la audiencia y el personal estaban sorprendidos por mi inicio tan franco. Sin embargo, entendieron que era algo muy relevante. También pudieron identificarse con mi reto porque querían aprender cómo captar la atención de sus audiencias.

Luego les compartí una historia corta sobre mi madre, que solía ser una monja, y después les pedí que le dieran la mano a tres personas diferentes, volvieran a sus puestos y se sentaran. Cuando los apretones de mano terminaron, el personal ya se había llevado los platos y el salón estaba en silencio.

Todos nos tomamos un minuto para reflexionar sobre la profunda diferencia que había en el salón. Fue un momento de aprendizaje para la audiencia. Acababan de experimentar de primera mano cómo alguien que quiere influir en un resultado o decisión debe eliminar primero las distracciones, ya sean externas o internas. En este caso, la distracción era la dinámica del salón.

Para comunicar ideas o mensajes, sean cuales sean, primero debemos descifrar cómo presentarlos en el mejor escenario o situación posibles. Eso significa eliminar las distracciones, de modo que otros puedan escuchar y actuar según lo que decimos.

Fuerza poderosa

Ya sea un vendedor intentando cerrar un trato, un padre ofreciendo consejos o un gerente intentando motivar a su equipo, el objetivo es el mismo: influenciar comportamientos, pensamientos o un resultado. El liderazgo se trata de influencia, así como el mercadeo, la enseñanza, la administración, las ventas y la comunicación. Nuestros comportamientos de compra y las relaciones que entablamos son a menudo el resultado de influencias externas que ni siquiera notamos que existen. Sin importar lo poco que nos guste, incluso nuestras opiniones se basan muchas veces en la influencia de otros y en las historias que han compartido con nosotros.

La oportunidad para influenciar está en todas partes. Saber eso tiene un impacto positivo en nuestra habilidad para comunicarnos con más efectividad.

Desafortunadamente, mucha gente no entiende el poder de la influencia y se pierde la oportunidad de avanzar en su carrera, ganarse un sueldo mejor y crear un impacto más grande en el mundo que los rodea. Por eso es que aprender a usar (y amplificar) el poder de la influencia es una herramienta crucial para aumentar el éxito y mejorar la calidad de vida para todos nosotros.

Definición simple

Imagínese que entra a un salón y las personas se sientan derechas de inmediato y escuchan lo que tiene por decirles. O imagínese tener una reunión y que los participantes entiendan rápido lo que propone y actúen para llevarlo a cabo.

Eso es influencia, la capacidad para tener un efecto o crear un resultado. Suena simple. Pero en realidad la influencia es una ciencia compleja, así como un arte, que puede aprenderse para mejorar nuestra habilidad para comunicarnos y conectar con otras personas para obtener resultados. Con la sabiduría y las habilidades para influenciar de verdad a otros (para cambiar cómo piensan), podemos controlar mejor los resultados de los negocios y la vida.

La influencia es el *cómo* del liderazgo. La influencia también debería ser central para el desarrollo profesional de un gerente, pues en un mundo en el que la gente tiene opciones, se necesita más que una orden, tener el control o poseer un título para afectar los resultados. Los seres humanos no responden bien cuando los fuerzan o los obligan a hacer algo. Responden mejor cuando se sienten inspirados para hacerlo.

Inspiración

Trabajando con decenas de miles de personas a lo largo de los años, he aprendido que la inspiración sucede cuando nuestras acciones futuras se alinean con aquello en lo que creemos, con nuestros valores. Nos pagan para que vayamos a trabajar, pero algunas personas sufren porque no encuentran la motivación. Sin embargo, esas mismas personas trabajarán duro para construir una casa para una familia a través de Habitat for Humanity y se sentirán motivadas y llenas al final del día, incluso si no se han ganado ni un centavo.

Desde el punto de vista de la ciencia y el cerebro, esta inspiración sucede cuando nuestro lóbulo prefrontal (el centro ejecutivo del cerebro) se conecta con el sistema límbico, el cual es el hogar de nuestros valores. La inspiración viene de esa conexión entre lo que valoramos y las acciones que realizamos. Aquí también es donde entra en juego el poder de contar historias para influir. Contar historias es una manera poderosa de estimular esa conexión y desencadenar la inspiración. Las historias crean narrativas que evocan emociones que adoptamos como propias. Esas emociones a menudo son tan reales que un individuo no puede diferenciar entre lo que es real y lo que es ficción. Esa es la razón por la que lloramos durante o después de una película. Son actores interpretando un papel, pero aun así lloramos. Eso es poderoso. Hablaremos al respecto de eso más adelante.

Los grandes oradores cautivan e inspiran a sus audiencias con sus historias, comunican sus mensajes e influencian los resultados.

Los comunicadores y líderes más poderosos del mundo también reconocen cómo los comportamientos afectan los resultados y cómo modificar o influenciar ciertos comportamientos para obtener resultados diferentes.

Usted también puede aprender a hacer eso sin importar cuál sea su audiencia. Pero debe trabajar duro. Aprender a ser un comunicador influyente se parece a ser un jugador de béisbol intentando darle a una pelota rápida o a ser un chef que está aprendiendo a hacer el *soufflé* perfecto. Eso requiere de tiempo, disciplina y esfuerzo. Pero el resultado lo vale.

Más importante aún, ser un comunicador influyente requiere de tener una conexión con algo que los negocios tradicionalmente desprecian: las emociones humanas básicas. Las emociones (su corazón y aquello en lo que cree) son su mayor fortaleza y poder para influenciar porque es lo que impulsa nuestros comportamientos. Cualquier buen profesional de ventas sabe que las decisiones de compra se toman según las emociones y se defienden con la lógica. Eso es un conocimiento tan común que es un peligro que se ignore. Pero piense en ello… La razón por la que las personas compran se basa en aquello que los profesionales de negocios se niegan a discutir: las emociones. Necesitamos detenernos, reconocer eso y empezar a dominar esa parte poderosa y esencial de la existencia humana.

Los palos de la bolsa

Aprender cómo usar el poder de la influencia apropiada y éticamente es un viaje introspectivo que durará el resto de su vida y que le podrá dar resultados dramáticos y gratificantes. Las herramientas de influencia dominarán su caja de herramientas de la vida.

Los que jugamos golf sabemos que hay una razón para cargar una bolsa entera de palos. Un campo de golf presenta continuamente algunos retos únicos que dependen de la locación y del tiro. Cada palo está diseñado de una manera específica para responder a ciertos retos. La elección del palo también depende de la habilidad de la persona para usarlos y de si han aprendido cómo manejarlos de una forma efectiva.

Hay un *driver* pesado para pegarle largo y, ojalá, recto a la bola, hay un *putter* para los golpes delicados del *green* y un *sand wedge* para manejar las situaciones más duras.

Las habilidades y técnicas para influenciar no son diferentes. Nuestra voz, la habilidad para contar historias, el lenguaje corporal y la secuenciación (el orden de las cosas) son los palos de la bolsa de herramientas que tenemos a nuestra disposición. Cada uno sirve para un propósito diferente dependiendo de la situación y del objetivo. Y, como en el golf, dominar cada habilidad requiere de práctica y dedicación.

No podemos jugar bien al golf con un único palo y ningún líder puede tener éxito solamente con una habilidad de influencia. Los individuos con una personalidad de *driver* necesitan desarrollar otras habilidades más blandas que les permitan conectar con las personas que quizás no respondan a su estilo de liderazgo *driver*. Para los pensadores silenciosos e introvertidos, las habilidades necesarias incluyen cómo ser más asertivos. De otra forma, sus ideas nunca emprenderán el vuelo.

Si alguien le pregunta cuál es el mejor palo de golf que se puede usar, usted no podría responderle sin saber en dónde está en el campo y cuál es su objetivo. Lo mismo pasa con el verdadero liderazgo y la comunicación. AMPLIFII™, mi aproximación comprobada y respaldada por la ciencia y las herramientas para amplificar su influencia, ha sido la guía para miles de líderes alrededor del mundo.

Usted importa

La influencia también se trata de la importancia y el propósito personal, del impacto que cada uno de nosotros tiene o no tiene en otros y en el mundo que nos rodea. Una de las mejores experiencias de la vida es tener una idea que las personas escuchen y a partir de la que actúen. Cuando alguien escucha lo que decimos, eso nos empodera, nos energiza y nos da propósito porque estamos creando un impacto en el mundo.

Lo opuesto de la influencia es cuando nadie escucha, nadie actúa y nadie compra el producto que le estamos vendiendo. Nos sentimos solos, impotentes e incluso invisibles. Es un sentimiento de insignificancia porque no creamos un impacto en el mundo que nos rodea. Cuando nadie nos escucha, podemos sentirnos como si fuéramos invisibles y no tuviéramos valor. Eso suena dramático, y lo es, pero es verdad.

Un líder que no influye en comportamientos o pensamientos puede tener un título, pero no está liderando o influenciando un negocio. Las personas pueden pretender que oyen porque deben hacerlo, pero en realidad no están escuchando y definitivamente no están involucrados o inspirados para actuar.

Hágase responsable

Es posible que algunos de los momentos más frustrantes de nuestras vidas sucedieran cuando no pudimos influenciar a otros para que escucharan una idea, propuesta, indicación o necesidad. Sé que ese fue el caso en mi propia vida hasta que decidí hacerme responsable y reconocer que el problema no eran los demás, sino yo.

Robert Herjavec, el hombre de negocios, inversionista y personalidad televisiva canadiense, a menudo comparte un consejo muy útil con los competidores del programa estadounidense *Shark Tank*: «mi responsabilidad no es escucharlos. Es su responsabilidad el hacer que yo los escuche». Ese simple cambio filosófico puede hacer una gran diferencia en su habilidad de reconocer lo que se necesita para ser influyente y añadirle valor a las cosas. Las oportunidades para innovar y ser disruptivo aparecen cuando nos hacemos responsables y nos rendimos a la realidad de que debemos añadir valor y es el mercado el que determina el valor. Las excusas y sentirse con derecho a todo no llevan a nadie a ninguna parte en el mundo de la influencia.

No podemos hacernos ricos a punta de demandas o de dar lástima. Nuestras propuestas no serán aceptadas sólo porque las personas quieran ayudarnos. Nos seleccionarán porque les comunicamos el valor a las personas que están tomando una decisión.

Sin embargo, si el escenario tiene algún componente político (políticas empresariales internas o externas, quizás), eso es diferente y necesita una aproximación distinta. Si alguien quiere hacer quedar mal a otra persona, es necesario que use las P (predecir, prever y prevenir) para salir airoso de ese momento. Sea cual sea la situación, debemos aprender a hacernos responsables.

También he aprendido que si las personas no están escuchando, hay que tomarse el tiempo para descifrar por qué, en lugar de desanimarse. Necesitamos convertirnos en estudiantes y usar esos encuentros como experiencias de aprendizaje porque nos dan muchos datos importantes.

Preste atención

Cuando escucha o se encuentra con alguien que realmente le gusta, no diga sencillamente «eso está genial» y se vaya. Deténgase a analizar por qué se sintió de esa manera. Recapitule cómo conoció a esa persona, cómo se presentó y qué fue lo que lo atrajo. ¿Qué le dijo? ¿Cómo lo dijo? ¿Le sonrió o no? ¿Qué historias compartió? ¿Cómo estaba vestido? ¿Había cierto aroma involucrado? Sí, eso último también importa.

En cambio, cuando se encuentre con una persona que no le agrada, no solo la evite. Sea curioso y pregúntese a usted mismo qué parte de la experiencia le causó el desagrado. ¿Qué le dijo? ¿Cómo actuó? Todas las preguntas de más arriba también aplican porque las respuestas le ayudarán a reconocer qué le funciona y qué no en su propia vida.

Cada uno de esos escenarios tiene una fórmula que desemboca en una respuesta. Una lo llevó a una experiencia placentera. La otra lo llevó a una negativa. Es importante estudiar ambas fórmulas. Apréndase la fórmula que lo atrajo, para poder replicarla y hacer que otras personas sientan la positividad que usted experimentó. Apréndase la fórmula que le causó desagrado, para poder estar seguro de que nunca repetirá aquello que lo hizo sentir mal.

Esto no se trata de juzgar rápido a otras personas. Es una forma de crear autoconciencia y aumentar su coeficiente de inteligencia emocional. Si se siente de cierta manera cuando alguien actúa de determinada forma, entonces lo más seguro es que otras personas se sientan de un modo similar si usted actúa así.

La vida siempre nos ofrece datos y pistas sobre estas pequeñas fórmulas para el éxito. Sólo tenemos que buscarlas y escucharlas.

Coeficiente emocional

La portada de la revista *Time* del 2 de octubre de 1995 decía: «¿Cuál es su coeficiente emocional? No es su coeficiente intelectual. Ni siquiera es un número. Pero la inteligencia emocional puede ser el mejor predictor del éxito en la vida, redefiniendo lo que significa ser inteligente»[2].

Nunca olvidaré que mi madre, una exitosa consultora de cambios administrativos y líder de pensamiento, recibió docenas de copias de eso por parte de sus clientes de todo el país, acompañadas por el mismo comentario: «¡Magaly! ¡Esto es lo que nos has estado enseñando!».

El artículo hablaba del revolucionario libro *Inteligencia emocional*, de Daniel Goleman. Goleman escribió que el coeficiente de inteligencia emocional, y no el intelectual, es el predictor del éxito. El concepto redefinió lo que significa ser inteligente y explicó por qué tantos presidentes de compañías eran estudiantes con notas promedio.

Goleman expandió la información acerca de la impresionante investigación sobre el cerebro y los comportamientos que llevaron a cabo los psicólogos Peter Salovey y John Mayer, quienes introdujeron el concepto en 1990. Ellos definían la inteligencia emocional como «la habilidad para monitorear las emociones propias y de otros, de discernirlas y de usar esa información para guiar las acciones y pensamientos propios»[3].

Hablaremos de eso más adelante.

El porqué

El éxito del libro de Goleman se debió, en parte, a que explicaba por qué a tantos individuos con coeficientes intelectuales altos no les va bien en la vida, mientras que a otros con coeficientes intelectuales más bajos les va sorpresivamente bien. Examinemos de una forma más profunda los factores que influyen en la inteligencia emocional.

Estos factores, incluyendo la autoconciencia, la autodisciplina y la empatía, equivalen a una nueva forma de ver la inteligencia y el éxito que quizás no esté programada al nacer. Esta perspectiva nos ofrece la esperanza de que podemos mejorar la calidad de nuestras vidas. Incluso si el coeficiente emocional de alguien está moldeado por las experiencias de la niñez, puede modificarse y fortalecerse a lo largo de la vida, afectando así nuestra salud, relaciones personales y trabajo.

La inteligencia emocional es un pilar de la influencia y la autoconciencia está en el centro de todo.

Intente hacer el siguiente ejercicio:

- Piense en una persona a la que haya conocido y le haya caído bien de inmediato.

  ▲ Describa en detalle qué pasó y por qué. ¿Cuál fue la fórmula? ¿Qué dijo la persona? ¿Cómo lo trató a usted? ¿Qué preguntas le hizo? Sea muy detallado con sus respuestas.

- Piense en una persona a la que haya conocido y le haya caído mal de inmediato.

  ▲ Describa en detalle qué pasó y por qué. ¿Cuál fue la fórmula? ¿Qué dijo la persona? ¿Cómo lo trató a usted? ¿Qué preguntas le hizo (o no le hizo)? Sea tan detallado como sea posible.

Este mismo ejercicio funciona con antiguos gerentes y jefes, así como con parejas románticas. El objetivo es crear conciencia sobre qué crea experiencias positivas y qué no, de manera que podamos aprender a replicar lo bueno y evitar lo malo.

Aplique lo aprendido:

Tómese un instante para pensar en un momento en el que no se sintió influyente, en el que las personas no lo escucharon y en cómo se sintió. Escriba sus pensamientos.

- Piense en por qué nadie lo escuchó. ¿Fue algo que dijo, cómo entregó el mensaje, su apariencia, su credibilidad, todo lo anterior o algo más?

- Si hay material visual del evento (así sea una *selfie*), mírelo objetivamente. ¿Hay algo que destaque sobre por qué nadie lo escuchó?

- ¿Por qué cree que nadie lo escuchó?

- Préstele atención a cualquier cosa del encuentro que inmediatamente lo haya aburrido. Así es como los demás se sienten cuando su mensaje los aburre.

Ahora tómese un instante para pensar en un momento en el que se haya sentido muy influyente, en el que las personas lo escucharon y en cómo se sintió. Escriba también esos pensamientos.

- Piense en por qué la gente lo escuchó. ¿Fue algo que dijo, cómo entregó el mensaje, su apariencia, su credibilidad, todo lo anterior o algo más?

- Si hay material visual del evento (así sea una *selfie*), mírelo objetivamente. ¿Hay algo que destaque sobre por qué la gente lo escuchó?

- Préstele atención a cualquier cosa del encuentro que lo haya interesado de inmediato. Así es como los demás se sienten cuando aceptan su mensaje.

Construir esa autoconciencia se trata en realidad de entender la inteligencia emocional en su forma más pura. La inteligencia emocional nos da muchísima información sobre el rol que juega la autoconciencia en los negocios, en las relaciones y en cómo interactuamos con las personas.

Competencias emocionales

Existen cinco competencias o habilidades emocionales que constituyen el coeficiente emocional y nos ayudan a entenderlo. Son:

- Conciencia de nuestras emociones. Cuando no somos conscientes de nuestros propios sentimientos, es imposible que entendamos los sentimientos de los demás y que experimentemos empatía.

- Control de nuestras propias emociones y no rendirnos a los sentimientos o respuestas impulsivas. Cuando alguien envía un correo electrónico negativo, por ejemplo, controlamos el deseo de desquitarnos.

- Habilidad para interpretar los sentimientos de los demás. Una manera de hacer esto es leer las señales y pistas en el lenguaje corporal.

- Habilidad para reconocer las capacidades propias y de otros.

- Habilidad para ajustar bien nuestro comportamiento para relacionarnos mejor con los demás[4].

La mejor parte de entender la inteligencia emocional es que los efectos son casi inmediatos. Sólo hacen falta unos pocos éxitos y ya estará en el buen camino. Es como una bola de nieve que va colina abajo. Cuanto más rueda, más grande y fuerte se hace. Entender eventualmente este concepto le transformará la vida.

Comportamiento aprendido

Cualquiera puede aprender a captar la atención de otras personas y a influenciar los resultados con las herramientas y el conocimiento correctos, combinados con la fórmula AMPLIFII™. Es una fórmula de tres partes: marco (contexto), mensaje (idea central) y argumento de cierre (el significado/la acción). Aprenderá más sobre esta fórmula en detalle a lo largo del libro.

Recuerde, AMPLIFII™ toma la ciencia y la psicología que están detrás de nuestros comportamientos y las combina con un agudo entendimiento de la autoconciencia, las emociones, el contar historias, el lenguaje corporal y más para ayudarnos a presentar mejor nuestras ideas a otras personas. El resultado es la habilidad para potenciar cómo comunicamos nuestro mensaje y cómo conectamos con nuestras audiencias, ya sean de una persona o de 5.000. Y, en el proceso, influenciamos los resultados y mejoramos nuestras vidas.

La conexión del cerebro

Mi camino para entender qué hace que las personas escuchen empezó hace muchos años cuando mi mamá me hizo una pregunta simple: «¿qué es lo que todos tenemos en común?». La respuesta, que no acerté en ese momento, era: todos tenemos un cerebro.

Una vida más sencilla

Como lo expliqué antes, cuando entendemos cómo y por qué funciona el cerebro, la vida y los negocios pueden hacerse más fáciles. Lo mismo pasa con las comunicaciones, las relaciones interpersonales, el crear una marca, enviar mensajes, resolver conflictos, vender y básicamente cualquier cosa que involucre a humanos trabajando juntos para lograr un objetivo común. La razón por la que se hacen más fáciles es que estamos trabajando con la secuencia del cerebro en lugar de en su contra.

En los últimos 27 años aplicando la neurociencia y la psicología de cómo funciona el cerebro para el liderazgo, la comunicación, el cambio, las ventas y la influencia, he aprendido ciertas verdades fundamentales que se aplican en muchas industrias y en la vida.

Por ejemplo, en intentos fallidos de comunicar un mensaje, a menudo nos saltamos la formulación (cómo llegamos al mensaje) y nos vamos directo a la conclusión lógica. Empezamos con una respuesta antes de siquiera presentar el reto y por qué necesita una solución.

Es aritmética simple de $1 + 1 = 2$. Es fácil de entender y funciona. Pero, para los más complejos, usaré de nuevo un ejemplo matemático: $2.000 \div 72 = 27,7777778$. No llegué a ese número en la cabeza, sino que requirió de una secuencia de pasos, de una fórmula para descifrar la respuesta.

Pasa lo mismo cuando intentamos vender una idea, producto o servicio o cuando intentamos convencer a una audiencia de la eficacia de una nueva aproximación. Tenemos que presentar los detalles paso por paso y luego entregar el mensaje. Nuestro cerebro necesita ese marco de referencia. Creando un marco es como entendemos la estructura de la realidad. Los marcos son constructos de realidad. Hablaremos de eso más adelante.

Vender pensamientos

Una de las habilidades fundamentales de la vida es aprender cómo vender una idea difícil o diferente, ya sea que involucre que alguien trabaje con usted, confíen en usted o en su producto o servicio o incluso que crean en usted. Todos hacemos eso de alguna manera todos los días, consciente o inconscientemente, con nuestros pensamientos, emociones, acciones, palabras, apariencias y presentaciones.

Un vendedor intentando vender un producto o servicio espera influenciar el comportamiento de un cliente potencial. Un padre, con palabras y acciones, intenta influenciar a un niño para que se lave los dientes o actúe de cierta manera. Una persona quiere salir con otra, así que se comporta de una cierta forma para influenciar positivamente la decisión. Incluso las piezas de mercadeo (en línea, en persona o en los medios) están compuestas y presentadas de una forma específica que está diseñada para influenciar a las personas para que presten atención y escuchen el mensaje.

Resistencia

Cada que nos enfocamos en crear metas o en hacer planes estratégicos de negocios, típicamente miramos primero los resultados. Los comportamientos influencian los resultados, ya sean positivos o negativos. Entonces, cuando no nos gustan los resultados, lo que hacemos es cambiar nuestros comportamientos.

Esa no es una fórmula nueva, pero es una engañosa porque no tiene en cuenta la realidad de que la mayoría de las personas no responden bien a cambios comportamentales. Se resisten a ellos. Esa es una razón por la que la adopción de nuevas tecnologías a menudo es lenta, las compañías fracasan al ejecutar una estrategia o la mayoría de las resoluciones de Año Nuevo se abandonan poco después de ese tiempo.

La resistencia es una parte de la experiencia humana. Necesitamos aceptar eso y entender por qué las personas se resisten al cambio.

Cuando entendemos el porqué, podemos aprender a influenciar el comportamiento deseado.

La ironía sobre la resistencia y el cerebro es que la tarea número uno del cerebro es mantenernos vivos y a menudo los cambios que intentamos hacer, como comer mejor, ejercitarnos más y reducir el estrés, son necesarios para asegurar esa supervivencia. Aun así, nos resistimos a esos cambios.

Durante años, esa realidad frustrante ha sido mi foco de estudio para entender al cerebro. He aprendido que todo se reduce al estrés. El cerebro usa el estrés como una medida para las amenazas. Si nos vemos amenazados por un oso en el bosque o un tiburón en el agua, eso obviamente desencadena el estrés y, específicamente, libera el cortisol en el cerebro. La reacción química que le sigue a eso está diseñada para mantenernos vivos en esas situaciones. Y usualmente funciona. Sin embargo, el reto es que muchas situaciones en la vida nos causan estrés, pero no nos van a matar. Aun así desencadenan la misma reacción química.

La influencia se trata de causar y afectar un cambio y, por lo tanto, es probable que cree estrés. Así que, para ser efectivos, tenemos que entender perfectamente cómo funciona el estrés, qué lo causa, cómo lo podemos causar en otros y qué nos lo causa.

¿Es la resistencia un resultado del mensaje, la presentación, la emoción, la falta de conexión o alguna otra fuerza externa? La respuesta a esa pregunta puede ayudarnos a entender cómo influenciar exitosamente el cambio. A medida que nos convertimos en estudiantes de nuestras propias experiencias, podemos aprender las maneras correctas e incorrectas de hacer las cosas. Hablaré del estrés más adelante.

Lecciones poderosas

- La influencia no es algo que se aprenda de un día para otro. Es un arte que requiere de muchas habilidades y de práctica para ser dominado.

- La influencia también se trata de la importancia y el propósito personal: el impacto que cada uno de nosotros tenemos o no tenemos sobre otras personas y el mundo que nos rodea.

- Cada una de las variadas habilidades y técnicas de influencia sirven para un propósito diferente y son los elementos en la caja de herramientas de su vida.

- Conviértase en un estudiante de sus propias experiencias. Si conoce a alguien y le agrada, descubra por qué. Haga lo mismo si alguien no le agradó. Se sorprenderá por cuánto pueden enseñarle esas experiencias.

- La inteligencia emocional es el pilar de la influencia y la autoconciencia es el punto central.

- Muy a menudo nos saltamos el cómo se formuló el mensaje: la secuencia de pasos que realizamos para desarrollar un mensaje. Vender una idea, producto o servicio o convencer a una audiencia de la eficacia de una nueva aproximación requiere de que presentemos los detalles paso por paso y luego entreguemos el mensaje.

- Nuestros cerebros necesitan un marco de referencia para actuar. Creando un marco es como entendemos la estructura de la realidad.

- La resistencia es parte de la experiencia humana. Debemos aprender a entender por qué las personas se resisten al cambio y aprender a influir en el comportamiento deseado.

CAPÍTULO 2

LOS PROPULSORES OCULTOS DE LA INFLUENCIA

"Siglos después, las enseñanzas de Aristóteles sobre la persuasión y la influencia aún son aplicables"

—René Rodriguez

Hace más de 2.000 años, Aristóteles, el filósofo griego, fue el primero en reconocer el poder de la persuasión y su rol en el pensamiento argumentativo. Él identificó los elementos críticos (a los que se refería como apelaciones persuasivas), tres de los cuales se empezaron a conocer como el triángulo retórico de Aristóteles.

Estos tres elementos críticos son el *logos* (la lógica), el *pathos* (la emoción) y el *ethos* (la credibilidad). Es posible que haya escuchado estas palabras antes, pero un entendimiento profundo de ellas es crucial para la fórmula AMPLIFII™. Dominar estas áreas lo impulsará aún más lejos y le ayudará a obtener mejores resultados.

Aristóteles llevó más lejos sus pensamientos sobre la persuasión e incluyó dos apelaciones más que a menudo se ignoran: *kairos* (puntualidad) y *telos* (propósito). Creo que estas dos últimas apelaciones son incluso más importantes para la influencia y la persuasión de hoy en día.

Sabiduría que trasciende las eras

Las enseñanzas de Aristóteles resuenan con certeza todos estos siglos después. Los psicólogos se refieren ahora a estos elementos como apelaciones motivacionales necesarias para la persuasión. Examinémoslas más de cerca.

Ethos

¿Aceptaría consejos sobre cómo perder peso de alguien que es obeso? ¿Y qué hay de recibir consejos sobre cómo ganar dinero de alguien que está en la quiebra? Por supuesto que no, pues esas personas no tienen credibilidad. Les falta *ethos*. El *ethos* es su credibilidad y su carácter.

Otro ejemplo sencillo de una persona a la que le falta *ethos* es alguien en redes sociales que tiene pocos seguidores y que está intentando demostrar cómo incrementar la cantidad de gente que lo sigue.

El *ethos* también es la esencia de quién es usted y cómo lo conocen. Es algo crítico para su marca personal. Michael Jordan, la leyenda del básquetbol, usó su *ethos* para impulsar la marca Nike y vimos lo que pasó y lo que sigue pasando. Los actores usan sus nombres y a veces incluso sus caras para concientizar sobre problemas sociales.

Por qué construimos el *ethos*

Antes de volverme conferencista, mi ciclo de ventas (el tiempo que se tarda uno en cerrar un trato desde el principio hasta el final) era de seis meses a un año. A veces incluso de más. Entonces, después de mi primer gran discurso en un escenario grande, los presidentes de compañías empezaron a llamarme. Después de mi primera portada de revista, la primera llamada telefónica no fue para preguntar «¿qué quiere?», sino que cambió a: «¿qué tenemos que hacer para que venga a nuestra empresa?».

El juego cambió por completo porque mi *ethos* había crecido. Cuando las personas preguntan cuál es el beneficio empresarial más grande e inmediato de convertirse en conferencista, mi respuesta es simple. Acorta el ciclo de venta y aumenta las tarifas por sus servicios al crear ventajas y reducir el tiempo. Las ventajas suceden cuando tenemos que decir menos y más cosas pasan. La reducción del tiempo sucede cuando podemos pasar de tener reuniones individuales a multitudinarias. Eso puede significar cien reuniones personales o una reunión con cien personas.

Conexión en redes sociales

Tener una gran presencia en redes sociales también crea *ethos*. Su número de seguidores tiene un impacto en cómo lo percibe la gente. No lo es todo, pero esa métrica de vanidad puede incrementar su *ethos*.

Más maneras de construir el *ethos*

Otras formas en las que alguien puede aumentar su *ethos* son las siguientes:

- Sea quien está enfrente del salón o en el escenario.
- Publique un libro o un artículo.
- Cree una introducción ingeniosa en lugar de una hoja de vida aburrida. Eso le ayudará con su credibilidad.
- Obtenga una carta de recomendación o una referencia de un tercero confiable.
- Tenga una página web diseñada profesionalmente y con fotos actualizadas. Lo visual importa.
- Desarrolle una marca coherente que cree confianza.
- Entregue tarjetas profesionales de buena calidad y memorables. Incluso en esta era digital, cualquier entregable debe ser de alta calidad. Algunas personas piensan que las tarjetas profesionales están pasadas de moda, pero, para quienes las quieren, la calidad de una tarjeta crea impacto.
- Préstele a atención a cómo se viste. Quiéralo o no, eso importa.
- Desarrolle una voz poderosa. Contrate a un entrenador vocal si es necesario.

- Cuide su higiene personal. El traje perfecto y la mejor historia pueden verse opacados de inmediato por el mal aliento o el mal olor corporal.

Propiedad

El *ethos* no es algo que usted posea. Consistentemente vemos a las personas cometer el error de pensar que son dueños de su *ethos*. En vez de eso, es la audiencia la que es dueña de su *ethos*, pues son ellos quienes le confieren su credibilidad. Si usted es el conferencista de un evento, su audiencia le dará su *ethos*. Pero si se para en el escenario, es aburrido y su contenido es malo, la audiencia le quitará su *ethos*. Y no sólo eso, sino que es probable que le cuenten a otros sobre su mala presentación, lo cual dañará aún más su *ethos*.

Usted, lector, me ha dado *ethos* al abrir y leer este libro. Sin embargo, si no le doy continuamente cosas de valor, cerrará el libro para siempre. El *ethos* es una gran herramienta de responsabilidad que nos mantiene honestos, incluyéndome. Nos fuerza a continuar creando contenido nuevo y a seguir enfocados. Cuando perdemos de vista esa realidad o nos volvemos complacientes es cuando nos va mal en el escenario porque nuestro ego nos ganó. Esos son los momentos que nos gustaría olvidar, lo sé de primera mano.

Todos conocemos o hemos visto a conferencistas o líderes que creen que son dueños de su propio *ethos*. Podemos sentir su arrogancia desde el momento en el que entran al salón. Desafortunadamente, la comida rápida de hoy en día, las redes sociales del mundo, apoyan a esas figuras porque son entretenidas. Pero vayamos más allá de lo superficial, hacia algo más profundo y más significativo, para poder aprender a usar el poder de la verdadera influencia.

Hablar con una audiencia, dirigir una reunión o liderar a un grupo es un privilegio. La audiencia o el público ha escogido escucharlo. Tan pronto como le conceden su *ethos*, usted tiene que devolvérselos. Esa retribución se manifiesta como humildad, gratitud, preparación, customización del mensaje, conexión con la audiencia e incluso al quedarse al finalizar para dar apretones de manos y contestar preguntas.

Alguien que es muy exitoso y no devuelve el *ethos* termina teniendo un ego demasiado grande porque ha perdido de vista el privilegio que la audiencia le ha dado. El hecho de que intenten aferrarse a su *ethos* en lugar de devolverlo crea una desconexión y es una de las formas más rápidas de perder la influencia.

Pathos

El *pathos* es la habilidad para llegarle a alguien a través de una historia, del humor o de cualquier apelación que impulse a un individuo a conectar emocionalmente. Es la habilidad para crear empatía en otros. La vulnerabilidad de verdad es un superpoder cuando se trata del *pathos*. Su habilidad para compartir su historia, sus dificultades, y no su éxito, es lo que importa.

Un médico respetado le dice que pierda peso y que coma mejor. Él tiene el *ethos*; sin embargo, usted lo ignora con esta respuesta: «gracias, doctor. Empezaré la próxima semana».

Usted desestima el consejo del doctor porque le falta *pathos*, lo que apela a nuestras emociones, que son las que dictan nuestros comportamientos. Sin *pathos* no hay cambios comportamentales.

Conectar

A menudo la gente comunica demasiado rápido las historias sobre el éxito y el triunfo. Eso hace que sea difícil conectar con ellos. Por otra parte, es mucho más fácil identificarse con una historia sobre esfuerzos y fracasos. La imperfección es lo que nos hace humanos y alguien que no pueda o no quiera contar esa historia tendrá dificultades para despertar la pasión en otros.

Cuando doy conferencias (50 semanas al año), invariablemente empiezo mis discursos con una historia para conectar con mi audiencia antes de darles mi mensaje. Si la audiencia es resistente, la historia refleja un poco más de vulnerabilidad. No podemos pedirles a nuestras audiencias que hagan algo que nosotros no estamos dispuestos a hacer. Hablaré de la vulnerabilidad más adelante.

Clientes

En el ambiente empresarial altamente competitivo de hoy en día, desarrollar y manejar las relaciones con los clientes habituales o clientes potenciales es un diferenciador crucial. La conexión emocional (*pathos*) está en el centro de esas relaciones que construimos y que llevan a una persona a contestarle su llamada, responder su correo electrónico o escuchar de verdad lo que le ofrece.

Logos

El *logos* es el argumento lógico, aquello que apela a nuestro sentido de la razón. Los datos y los números. En sus días de palabras principalmente escritas o habladas, Aristóteles creía que el *logos* era la apelación más crítica para la persuasión. Hoy, con la dominancia de las redes sociales, el *ethos* y el *pathos* tienden a tener una mayor importancia. Por supuesto, aún necesitamos el *logos*, o la lógica, para aceptar los mensajes.

Imagínese creerse el *ethos* de un presentador y el *pathos* de su historia, pero tener dificultades entendiendo lo que le está pidiendo que haga. No sabe cómo actuar y se queda solo con emociones sin propósito, con energía para actuar y sin objetivo… sin *logos*.

En los negocios, el *logos* es crítico y es lo que se queda después de que el *pathos* se desvanece. Sin el *logos*, nos quedamos con el arrepentimiento del comprador y con una disonancia cognitiva. El *logos* es el plan, los pasos, la agenda, los objetivos, el proceso, la racionalización, el presupuesto, los números y los datos.

Alguien que tiene *ethos* y *logos*, pero no *pathos*, carece de una conexión emocional con los demás. Con el *ethos* y el *pathos* hay credibilidad y pasión, pero no hay plan ni detalles para alcanzar la meta. Y si alguien tiene *pathos* y *logos*, pero no *ethos*, carecen de credibilidad para ganar seguidores y cumplir sus objetivos.

Las dos olvidadas

Ahora examinemos más de cerca las apelaciones emocionales «olvidadas» de Aristóteles, que hoy en día son tan esenciales para la persuasión como aquellos elementos del triángulo retórico.

Kairos

En griego antiguo, *kairos* se traduce como «el momento correcto» o puntualidad. En la discusión de la persuasión y la retórica, el *kairos* se refiere a la relevancia para la era o para el espíritu del tiempo actual. En otras palabras, se trata de aprovecharse del momento perfecto para entregar un mensaje y para comunicarlo de una forma que sea relevante para quienes estén escuchando. La palabra clave es *relevante*.

Elección de palabras

Un especialista en entrenamientos estaba contando una historia sobre un accidente de avión que tuvo un grupo de profesionales jóvenes. La audiencia estaba escuchando con atención hasta que el conferencista, quien era algo mayor, empezó a hablar sobre la *azafata*, que estaba sangrando y corriendo de un lado a otro del pasillo.

De repente, el conferencista perdió su conexión con la audiencia. Desde ese momento, no importó qué dijo. Nadie lo escuchó porque había perdido su relevancia en ese salón y todo porque usó una terminología antigua.

Aunque su *pathos* (emoción) estaba perfecto y el *ethos* (credibilidad) estaba alto, el conferencista perdió a su audiencia porque no estaba en contacto con el *kairos*. Debería haber dicho *auxiliar de vuelo*, no *azafata*. La falta de *kairos* hizo que perdiera su *ethos*.

El *kairos* va mucho más allá de ser políticamente correcto, se trata de ser relevante y puntual. Usar bien el *kairos* significa que usted ajusta el mensaje para su audiencia de acuerdo con quiénes son y sus necesidades actuales. Eso demuestra que usted está al día y en contacto con la realidad, no desconectado y desactualizado. También será capaz de mencionar los eventos actuales sin dejar de ser sensible con todas las partes involucradas.

El *kairos* puede impulsar o matar un trato de negocios. Para levantar capital, por ejemplo, si lo perciben como alguien desactualizado, desconectado o lento, no lo tendrán en cuenta y perderá la suerte.

Relevancia

A menudo tengo la agenda reservada con muchos meses de anticipación y confirmo todo con los clientes regularmente para asegurarme de que nada haya cambiado. El objetivo es confirmar que las necesidades del cliente sean las mismas y que mi mensaje aún esté alineado con su *kairos*. Esa última confirmación a veces sucede horas antes del evento y en algunas ocasiones con incluso menos tiempo.

Una vez, un cliente se acercó a mí unos cinco minutos antes de subirme al escenario y me dijo que acababan de comprar su compañía y que todos estaban muy frustrados con la situación. Esa era una información muy importante que iba a afectar a mi audiencia y mi presentación. Saber esto, incluso con pocos minutos de antelación, me permitió hacer unos ajustes menores en mi presentación para que estuviera alineada con la realidad actual de la audiencia. Gracias a eso conectamos de inmediato y el cliente quedó muy satisfecho.

La customización es una herramienta de influencia muy poderosa, especialmente si puede inspirarse en su entorno y hacer que su historia o mensaje sean más poderosos. En un evento, mientras me presentaban y me acercaba al escenario, pasé junto a un mesero que le estaba entregando un plato de queso humeante a un cliente. Hice una nota mental y me fui al escenario. Noventa segundos después, señalé que todos vivimos en un mundo altamente distraído y que necesitamos captar la atención «tal como lo hace el plato de queso humeante del caballero de allá. Todos necesitamos eso».

El hombre que recibió el queso me miró, asintió y sonrió. La audiencia se rio y se inclinó hacia adelante. No había planeado usar ese contexto como ejemplo, pero estaba preparado para cualquier cosa y al final tuvo sentido.

Su audiencia

A veces el *kairos* puede ser confuso porque una audiencia, la demografía o la geografía pueden cambiar la relevancia del mensaje. Por ejemplo, alguien que le hablaba a un grupo de emprendedores jóvenes hizo una referencia a *La familia Partridge* para enfatizar algo. La audiencia, por supuesto, no tenía ni idea de que el presentador estaba hablando de un programa de televisión de ficción de mediados de la década de los 70. Muchas personas de la audiencia ni siquiera habían nacido en ese entonces.

Con frecuencia ignoramos la importancia de la audiencia que tenemos enfrente, quiénes son y cuál es su cultura. Pasar por alto la cultura sucede muy frecuentemente y no tiene resultados placenteros. Coca-Cola es famosa por sus errores garrafales culturales. Cuando la compañía se lanzó en China, aparentemente no pensaron demasiado en el *kairos*. La empresa escogió la traducción en mandarín de *Ke-Kou-Ke-La*. Para su desgracia, en mandarín eso significa «morder el renacuajo de cera» o «una yegua rellena de cera»[1].

Otro ejemplo que comparto a menudo es que, como no conocí a mi padre, uso a padres famosos de la televisión como modelos a seguir ficticios. Algunos de mis favoritos son el tío Phil de *El príncipe del rap en Bel-Air*, el señor Miyagi de *Karate Kid* y el doctor Huxtable de *El show de Bill Cosby*. Esos fueron muy buenos ejemplos hasta que condenaron a Bill Cosby por sus terribles acciones. De inmediato dejé de usar al doctor Huxtable como ejemplo. Seguir usando su nombre me habría alejado del *kairos*.

El *kairos* importa.

La buena noticia es que los jóvenes de hoy en día son muy buenos recordándonos cuán desactualizados estamos.

Telos

En griego, la palabra *telos* significa, literalmente, «el fin». Con respecto a su relación con entender la influencia, el *telos* es el objetivo final, el propósito, el punto esencial de su discurso, propuesta de negocios o presentación. Es la clave que usted espera que su audiencia entienda.

El *telos* de este libro es equipar a otras personas con un entendimiento de las habilidades necesarias para ser mejores influenciadores en sus negocios y sus vidas. Es lo mismo aunque su objetivo sea convertirse en un mejor vendedor, en un mejor líder, en un mejor conferencista, en un mejor padre, en un mejor amigo o en cualquier otra cosa.

Más sobre el cerebro: el sistema de activación reticular

Hacer que todas las cosas con las que nos bombardean constantemente tengan sentido es un trabajo del sistema de activación reticular. Es una parte con forma de lápiz del tronco cerebral. Entre otras cosas, su trabajo es filtrar toda la basura que nos bombardea todo el tiempo, consciente o inconscientemente, e identificar lo que es importante (lo que es valioso) para cada uno de nosotros.

Es el filtro que dice «sí, escucha eso» o «no, olvídalo» y se guía por nuestras experiencias, ideas, pensamientos y sentimientos previos, así como por el poder de la influencia.

El sistema de activación reticular nos permite filtrar e identificar a alguien que esté diciendo nuestro nombre en medio de un salón lleno de conversaciones. Nos permite escoger la conversación que queremos oír o ver la imagen que queremos ver. Para poner el trabajo del sistema de activación reticular en perspectiva, piense en todas las vistas, sonidos, sabores, texturas, objetos en movimiento y todo lo demás que está constantemente presente a nuestro alrededor. Es más, tómese un minuto y escuche todo aquello a lo que no le estaba prestando atención hace un momento. Es impresionante.

Parte del trabajo de un comunicador y un influenciador es manejar esa búsqueda de atención. Debemos aprender a apelar al sistema de activación reticular de alguien para ganarnos su atención e influir en un resultado. Las historias son una manera de hacerlo.

El sistema de activación reticular también es muy sensible a las respuestas por estrés y puede bloquear nuestros centros lógicos cuando estamos bajo estrés. El estrés causa algo que se conoce como «inhibición cortical» y es la razón por la que hacemos cosas estúpidas cuando estamos estresados. Al mismo tiempo, no podemos funcionar bien por culpa de esa inhibición cortical[2].

Gerentes *vs.* líderes

Muy a menudo la gente habla sobre cómo necesitamos líderes y no gerentes. En realidad, los necesitamos a ambos. Sin embargo, los dos pueden tener un mal desempeño.

El verdadero arte es saber cuándo actuar como un gerente y cuándo actuar como un líder, cuándo usar la autoridad y cuándo usar la influencia, cuándo pedir y cuándo ordenar, cuándo tomar el control y cuándo delegar. En cada caso, es crucial para los líderes y los gerentes entender la variedad de técnicas de influencia que pueden usar, saber cuándo y cómo usarlas, construir sus bases de poder para que tengan la capacidad de ser influyentes y afinar sus habilidades para que puedan influenciar a las personas de un modo más efectivo.

Las metodologías AMPLIFII™ unen las mejores prácticas comprobadas del liderazgo con lo que los neurocientíficos han descubierto sobre el cerebro, así como las aplicaciones en las vidas reales de miles de personas.

La influencia es liderazgo

Imagínese a un líder dando un gran discurso y ganándose una ovación de pie o a un líder encabezando un encuentro increíble con buenas reseñas. Ahora imagínese que después de ese discurso o encuentro nadie cambió su comportamiento, nadie hizo nada diferente y todo volvió a como estaba antes.

¿Diría que ese discurso o encuentro fue exitoso? La base de todo es que el liderazgo se trata de influir en un cambio comportamental. Por lo tanto, no puede haber liderazgo sin influencia. Es el *cómo* del liderazgo que requiere que los líderes tengan habilidades de alto nivel en el arte y la ciencia de la influencia.

Los gerentes también usan la influencia porque una fracción del trabajo gerencial puede lograrse a través del control y el uso de la autoridad.

El objetivo tanto de los gerentes como de los líderes es cumplir las metas de una organización. Los gerentes lo hacen a través de los planes, la organización, los procesos, la asignación de tareas, las medidas y demás, pero también deben dirigir a las personas y manejar su desempeño. Es imposible gestionar a las personas sólo a través de métodos de órdenes y control.

La conexión

Las personas son seres humanos, no máquinas, partes mecánicas o líneas de ensamblaje. Responden mejor cuando las tratan con el respeto que se les debe a los seres humanos. Las personas trabajan mejor cuando pueden opinar sobre cómo se hace el trabajo y se mantienen leales y concentradas cuando se sienten valoradas, confiadas, bien informadas y cuidadas. Esa es la razón por la que los mejores gerentes también lideran gracias a las aproximaciones sociales y emocionales hacia la influencia y no sólo con la racionalidad.

Los líderes realizan su labor al modelar maneras de pensar o actuar y al promover nuevas formas de ver las situaciones. Al hacer eso, les dan a las personas las palabras y el valor para apropiarse de esas nuevas maneras. Los mejores líderes son profesores, mentores y modelos a seguir. Y además logran la mayoría de su trabajo gracias a la influencia, no la autoridad.

En muchos casos, los líderes y gerentes son uno mismo. Por ejemplo, el vicepresidente de una división que lidera a un grupo de personas para que logren lo que no habían pensado posible también es un gerente. El gerente que supervisa el rendimiento de un equipo, pero también se fija en la planeación de las carreras de los miembros del equipo y los guía para que desarrollen sus habilidades es un líder de la misma forma.

Mitos, opuestos y clichés

En estas páginas, a medida que exploremos el poder de la influencia, puede haber momentos en los que la aproximación AMPLIFII™ incluya sugerencias que sean opuestas al comportamiento tradicionalmente aceptado. O la aproximación puede apoyar un «mito» aceptado o incluso usar un cliché trillado.

Recuerde la analogía de la bolsa de golf. Entender la influencia y cómo usarla requiere de muchas habilidades diferentes, cada una de las cuales cubre una necesidad distinta. La batalla por la influencia no es algo en blanco y negro. No es una conversación de esto o lo otro. Es ambas cosas y tiene matices, así como un tiro particular de golf requiere de estudio, experticia, finura y la fuerza perfecta. Si no hace bien el tiro, alguien más lo hará.

Lecciones poderosas

- El triángulo retórico de Aristóteles incluye el *logos* (lógica), el *pathos* (emoción) y el *ethos* (credibilidad).

- Aristóteles también ofreció otras dos apelaciones emocionales que hoy son comúnmente olvidadas. El *kairos* es sobre la relevancia y el aprovecharse del momento perfecto para dar un mensaje. El *telos* es el fin, el propósito, la clave de un discurso, una propuesta de ventas o una presentación. Es la idea central que quiere transmitirle a su audiencia.

- El sistema de activación reticular del cerebro es el responsable de filtrar toda la basura que nos bombardea. Por lo tanto, como comunicadores e influenciadores, debemos aprender a apelar al sistema de activación reticular de las personas para ganarnos su atención y para influir en un resultado. Las historias logran hacer eso.

- Los mejores líderes son profesores, mentores y modelos a seguir. Y logran la mayor parte de su trabajo gracias a la influencia, no a la autoridad.

CAPÍTULO 3

LA SECUENCIA LO ES TODO

*"La verdadera medida del liderazgo es la influencia...
nada más, nada menos"*

—John C. Maxwell,
autor de *Las 21 leyes irrefutables del liderazgo*[1]

La secuencia (el orden de las cosas) tiene un papel muy importante en cuán efectivamente influenciamos a otras personas. Es lo que decide si la audiencia entiende el mensaje, se lo toma a pecho y luego actúa de acuerdo con él o si lo rechaza.

Las ideas son como semillas. Si se plantan correctamente en una tierra fértil y abonada (la secuencia), echarán raíces y crecerán. Usted no plantaría una semilla en cemento o la tiraría encima de la tierra para jamás echarle agua. Sin embargo, así es como la mayoría de la gente comparte sus ideas. Debemos aceptar la realidad de que hay una secuencia de cómo las personas procesan la información y, más importante aún, de cómo aceptan las ideas. Soltar lógica, datos y hechos no es suficiente, pero de todas maneras nos inclinamos hacia ese comportamiento.

Para maximizar el poder de la influencia se requiere de entender las aplicaciones y fundamentos de cómo la secuenciación afecta la forma en la que procesamos y aceptamos la información.

Una cuestión de patrones

Claro, todas las historias tienen un inicio, un nudo y un desenlace, pero más allá de eso, cuando un mensaje sigue la secuencia correcta, es más fácil de entender y de repetir. En algún punto de nuestras vidas (quizás en la escuela o antes de una llamada de negocios), todos hemos tenido que memorizar una lista de algo y poner las palabras, nombres o números en un orden que los hiciera más fáciles de recordar.

Los educadores usan las secuencias para ayudarles a sus estudiantes a entender y organizar el conocimiento, así como para resolver problemas. Una secuencia puede ser una lista, como lo mencionaba arriba, pasos a seguir y en qué orden, una línea de tiempo histórica, una escaleta o una serie de eventos[2]. Los programadores de computadores escriben el código en secuencia, pues es un orden lógico que la máquina entenderá.

Para el propósito de este libro, una secuencia consiste en posicionar su mensaje y la manera en la que entrega el mensaje, historia o presentación de una manera que se alinee con la configuración biológica y neurológica de cómo están programados nuestros cerebros para recibir información. Es más, cuando añadimos la idea de hacer que nuestros corazones hablen en esa secuencia neurológica, podemos alcanzar la meta última de la máxima conexión y el mejor impacto.

Los comunicadores exitosos usan intuitivamente esta clase de secuencia. Sin embargo, para mucha gente esta es una nueva clase de secuencia. Al principio puede ser contraintuitiva y a veces paradójica. Pero, una vez que se entiende, la secuencia AMPLIFII™ (la fórmula para comunicar un mensaje influyente) le explicará muchos aspectos que antes eran confusos o misteriosos de la vida, de verdad. Mi objetivo es que usted entienda explícitamente esta secuencia y sea capaz de replicarla con consistencia.

Las tres P: predecir, prever y prevenir

Una de mis cosas favoritas del comportamiento humano es que, cuando lo entendemos y le prestamos atención, es bastante predecible. Muchos de nosotros ya somos relativamente buenos prediciendo las respuestas de las personas a los mensajes, pero casi no nos tomamos el tiempo de hacer el ejercicio.

Deténgase y piense

Demasiado a menudo, los líderes y comunicadores no piensan bien en cómo una audiencia podría responder a un mensaje antes de que lo compartan. En lugar de eso, están enfocados en lo que quieren decir y en cómo quieren decirlo.

Esto también es un componente central de la inteligencia emocional que exploramos antes: la habilidad de entender las respuestas emocionales de una audiencia hacia un mensaje antes de que se comparta. Este es otro ejemplo del rol que la corteza prefrontal de nuestro cerebro (nuestro simulador del futuro) juega en el día a día de nuestras vidas.

La próxima vez que cree un mensaje, tómese un momento para preguntarse si hay alguna parte del mensaje que pueda desencadenar resistencia. Si la hay, piense en qué puede hacer para evitar esa respuesta.

Predecir la resistencia

He encabezado muchas sesiones de planeación estratégica para equipos de liderazgo y un mensaje clave que les doy es que siempre habrá algo de resistencia ante las decisiones que se tomen.

Los líderes que están planeando cambios perciben sus decisiones como los siguientes pasos lógicos o movimientos estratégicos. Pero aquellos que reciben la información la reconocen como algo diferente y potencialmente aterrador: un cambio. Muchos líderes se olvidan de eso y se sorprenden cuando su gente no se emociona tanto con sus planes como ellos.

Una buena aproximación para suavizar la resistencia al cambio son las tres P que mencioné antes. Primero, *prediga* qué parte del plan se encontrará con la mayor resistencia y por parte de quién. Eso le permitirá prepararse para *prever* una estrategia que lo ayudará a *prevenir* o reducir la resistencia.

A menudo esa estrategia preventiva involucrará unas pocas conversaciones con gente clave antes de anunciar el cambio. Eso les da a los demás la oportunidad de responder al plan y dar ideas adicionales. Ganar ventaja antes de un anuncio es una buena estrategia, contrario a esperar a ver cómo responden los afectados.

Si se requiere más de una conversación, entonces puede que el equipo necesite ver quién está entregando el mensaje. Si es un cambio de alto perfil, es posible que el presidente deba dar el mensaje para ilustrar su importancia. Esta estrategia funciona mejor si se implementa junto con el sentido común y el confiar en sus instintos. Identifique los puntos de resistencia. Ponga a las mejores personas para entregar el mensaje.

Finalmente, una estrategia preventiva a menudo se ejecuta mejor a través de una historia poderosa que le ayude al equipo a entender el propósito de los cambios necesarios. Una historia y una manera de contarla que honren a las personas que se enfrentarán a los cambios y que reconozca el estrés inevitable por el que pasarán sirve mucho para ganar apoyo y confianza de todos los involucrados.

El gran error

La secuencia incorrecta es uno de los mayores errores que la gente comete cuando se comunica. Cuando nos hacen una pregunta, la tendencia es responder en el aquí y ahora, sin contexto o marco de referencia. Cuando eso sucede, el cerebro se ve forzado a crear su propio marco de referencia, basándose en una experiencia pasada, para llenar el vacío de conocimiento y no hay manera de saber si eso ayudará o perjudicará el significado del mensaje. El cerebro no es capaz de lidiar con el hecho de no tener un marco de referencia, pues es así como construye la realidad. A los profesionales les enseñaron a ser directos, concisos, objetivos y a no dar rodeos. Desafortunadamente, eso deja mucho espacio para las suposiciones.

Controle el mensaje

En vez de eso, piense en intentar una nueva secuencia al compartir una historia más completa y dejarle poco a la imaginación del oyente.

En lugar de la secuencia de tiempo del aquí y el ahora, podemos examinar el pasado y el futuro para responder una pregunta. Podemos crear un contexto que conecte con nuestra audiencia. Piense en la conexión creada por la secuencia adecuada como algo para preparar a la audiencia (abrir sus mentes y despertarles el interés) para el mensaje que se compartirá y sobre el que se debe actuar.

Considere estas dos respuestas diferentes para una misma pregunta:

«¿Quién es usted, qué hace y qué lo diferencia como alguien único?».

Respuesta A: mi nombre es John. Soy un banquero hipotecario. Entré a este negocio porque me gusta educar a las personas. Aprendí eso de mi padre.

John respondió la pregunta exactamente como se la hicieron. Está claro. Ahora sabemos quién es John, qué hace y además habló con brevedad de por qué cree que es único. El problema es que a la mayoría de las personas en su industria también les gusta educar a la gente, así que su respuesta no lo ayudó a diferenciarse mucho o a añadirse algún valor único.

Como audiencia, ¿queremos escuchar más sobre lo que John quiere decir después de una respuesta como esa? Probablemente no porque John no nos impactó. Respondió ciñéndose a los hechos y en el aquí y el ahora… fuera de secuencia.

Ahora lea la segunda respuesta. Piense en cómo se siente mientras la lee. ¿Cómo se diferencian esos sentimientos de los que pudo haber tenido con la primera respuesta de John?

Respuesta B: mientras crecía, supe que la educación era muy importante para mi familia, especialmente para mi papá. Pero yo no era un muy buen estudiante. De hecho, en esa época, mis amigos y yo tuvimos la brillante idea de renunciar a la escuela, conseguir trabajos y ganarnos algo de dinero real.

Cuando le conté el plan a mi papá y le dije que implicaba dejar la escuela, se puso furioso. Levantó el teléfono, llamó al director de la escuela, me sacó de allí inmediatamente y me inscribió en otra escuela que quedaba a media hora. En ese momento odié a mi papá por alejarme tanto de mis amigos.

Hasta un año después me di cuenta de que mi papá en realidad me había salvado la vida. De mis amigos que se retiraron de la escuela, uno estaba en un trabajo sin posibilidades, el segundo era adicto a las drogas y el tercero estaba en la cárcel. Yo me encontraba de camino a la universidad.

Mi papá me había dado el mejor regalo del mundo: la educación y el poder de elegir. Supe en ese momento que, sin importar el trabajo que hiciera, quería educar a la gente. Quería darles el mismo regalo que mi papá me había dado.

Cuando me presentaron el mundo de las hipotecas y de las bienes raíces, vi una industria que necesitaba gente que educara a sus clientes. Quería sentarme con ellos y ayudarlos a navegar un proceso complejo, educándolos para que pudieran tomar mejores decisiones para sus vidas. Y aquí estoy hoy. Me enorgullece decir que todos los días de mi vida puedo darles el regalo de la educación a mis clientes como un banquero hipotecario. Y me encanta hacerlo.

Sí, algunos dirían que su respuesta fue demasiado larga. Pero ahora la audiencia sabe quién es John, la pasión y el valor que trae a la mesa y por qué es bueno en lo que hace. Es la historia de origen de John. Hablaremos más adelante de eso.

Al responder en esta secuencia (usando el pasado para explicar el presente y algo del futuro, en lugar de sólo el aquí y el ahora), John ha conectado emocionalmente con su audiencia. Ha contado una historia con la fórmula AMPLIFII™: marco, mensaje, técnica de cierre.

El sentimiento (la emoción) que nos genera la larga historia de John sobre quién es, cuál es su trabajo y la historia del origen de su pasión crea una respuesta muy diferente en su audiencia. Ese mismo sentimiento es el que nosotros, como comunicadores, queremos despertar en nuestras audiencias. Piense en cómo entrega su mensaje de la misma manera. Esfuércese por conectar con sus audiencias usando la secuencia correcta.

Cuestionando las preguntas

Para ser capaz de dar una respuesta conmovedora como la de John, una que influencie apropiadamente a la audiencia, primero debemos desaprender algunos hábitos viejos relacionados con las preguntas.

- **La mayoría de las personas no piensan mucho en las preguntas que hacen.**

  ¿Alguna vez le ha preguntado a alguien como está y, cuando le respondió, se dio cuenta de que realmente no importaba? Usted no quería saberlo. Sólo estaba creando conversación y hablando por hábito. Quien pregunta en realidad no está interesado en saber y la persona que responde no está diciendo la verdad. Siguiendo este escenario, hay una oportunidad perdida y una discusión sin sentido y sin conexión.

  Lo mismo pasa con la mayoría de las preguntas en ambientes empresariales. Las preguntas y las respuestas que la gente de verdad quiere conocer están a menudo escondidas muy profundo en conversaciones y enmascaradas inintencionalmente por preguntas básicas y superficiales como «bueno… ¿y a qué se dedica?». Lo que alguien de verdad está diciendo es «cuénteme algo interesante sobre usted porque no sé qué más preguntar».

- **Sentimos una necesidad imperiosa de responder las preguntas que nos hacen.**

  Recibí una llamada telefónica de una ejecutiva que me pidió que le ayudara a su compañía a lidiar con una pregunta que surgía una y otra vez. La compañía estaba en una transición, el presidente se acababa de ir y estaban preocupados de que esta ejecutiva también se fuera. Ella me compartió que muchas personas le estaban preguntando si se iba a ir y cuáles eran sus planes. Sentía que, al no responderles, les estaba mintiendo.

  Le pregunté si conocía su plan y me dijo que no. Entonces le pregunté si pensaba que la gente tenía derecho a una respuesta para la pregunta que le hacían. Me dijo que sí. Entonces le pregunté que cuándo había sido la última vez que había tenido relaciones sexuales. Obviamente se quedó sorprendida y me dijo de inmediato que no tenía por qué responder a esa pregunta, lo cual reforzó mi punto. Sólo porque hice una pregunta no significa que tenga derecho a una respuesta. Ella se rio y me dijo: «cuando lo dice así, tiene sentido».

También le señalé que esas preguntas no tenían nada que ver con su bienestar o su futuro. En su lugar, suplen las necesidades de aquellos que están haciendo las preguntas.

Entonces creamos una respuesta honesta que reenfocaba la conversación en lo que más importaba: la empresa. La nueva respuesta fue: «John (o el nombre de quien haya hecho la pregunta), la compañía está en medio de muchas transiciones y honestamente no sé qué voy a hacer. Pero sí sé una cosa. La compañía necesita que los dos nos enfoquemos en el trabajo ahora mismo. ¿Qué necesita de mi parte para ayudarlo a mantenerse enfocado?».

Esta pregunta redirigió la conversación para crear valor para la compañía y demostró que su directora estaba allí para apoyar al equipo y empoderar a los individuos para pedir ayuda.

- **La persona que hace las preguntas tiene el control.**

Las preguntas son poderosas porque definen el marco de la conversación. Al definir el marco, usted controla la dirección de la conversación, lo cual puede ser ventajoso. Al lanzar un tema y guiar al escucha para que le responda a sus perspectivas, usted tiene el control completo de la conversación.

La mayoría de los profesionales saben esto intelectualmente, pero aún se quedan respondiendo preguntas que no los dejan en una posición fuerte y estratégica.

Para resumir, el resultado es que los humanos nos sentimos obligados a responder preguntas que la gente piensa poco y que les dan el control de la narrativa. En el momento en el que alguien pregunta el precio, la tarifa o la comisión antes de que usted haya tenido la oportunidad de comunicar el valor, ya perdió.

Si está presentando un presupuesto o un plan que tiene complejidades y otras personas le piden que «vaya al punto», corre el riesgo de no comunicar por completo el valor de la propuesta en el contexto adecuado.

Desde esa perspectiva, es fácil ver el riesgo de responder preguntas a ciegas y en pocas palabras. En su lugar, a veces necesitamos cuestionar las preguntas que nos están haciendo y ver más allá de dar una respuesta que aporte valor.

En sintonía

Antes de dar cualquier mensaje, debemos estar en sintonía con las emociones de nuestra audiencia. Si el mensaje tiene el potencial de desencadenar un estado emocional negativo o estresante y amenaza la habilidad de la audiencia para escuchar el mensaje, entonces use una estrategia preventiva para calmar esas emociones.

Y hágalo antes de compartir el mensaje. Así es como me dirigí y conecté con la audiencia de una compañía que acababa de ser vendida, tal como lo mencioné en el capítulo 2.

Se trata de preparar a los oyentes, de abrirles las mentes al mensaje. Hablar desde el corazón (valores, creencias y memorias a través de una historia) puede ser nuestra mayor fuente de influencia. Cuando nuestros corazones empiezan a hablar, nosotros y nuestra audiencia nos comenzamos a abrir porque creamos seguridad y ponemos las bases para establecer confianza.

Las tomografías cerebrales muestran que nuestros cerebros y los de nuestra audiencia de verdad empiezan a imitarse a medida que creamos conexiones y confianza. Ahondaremos más en el emparejamiento neural y el contar historias más adelante.

La influencia no se trata de sonar bien o de ser un orador pulido. Se trata de hacer que la gente confíe en usted y actúe de acuerdo con sus ideas. La manera más rápida de hacer que eso pase es a través de una conexión con su historia. Pero para que la audiencia se conecte con su historia, primero usted debe conectarse con su historia. Una audiencia puede saber inmediatamente si la historia significa algo para usted o si únicamente está recitando líneas para el evento. Si conecta desde el corazón, su audiencia también lo hará. Por eso es tan importante hacerlo personal y, si es posible, ser vulnerable.

Prevea también lo negativo antes de que surja en pensamientos o discusiones. De nuevo, así fue como mi discurso se conectó con la audiencia cuya compañía acababa de ser vendida.

Todos los mejores oradores (desde los líderes hasta los actores y los influenciadores) siguen cierta secuencia en sus discursos. Martin Luther King Jr., el líder de derechos civiles, era un maestro en evocar la pasión para que la audiencia se conectara con el mensaje. Su visión de un mundo mejor aún capta nuestra atención y nos inspira a actuar.

Adversidad y memoria

No todos nosotros somos tan dotados como el doctor King. Pero eso no significa que no debamos apuntar a metas más accesibles y que podamos perseguir de inmediato. La buena noticia es que cada uno de nosotros tiene la habilidad de inspirar y conectar con las personas a través de nuestras propias historias. Sin embargo, el problema es que mucha gente no cree que tenga una historia que compartir. Eso es porque nuestra historia es todo lo que conocemos. Nuestros problemas sencillamente se derivan de nuestras experiencias diarias.

Los líderes más resilientes tienen unas habilidades increíbles para superar las adversidades. Una de ellas es el no quedarse estancados en las dificultades de la vida. Aunque esa habilidad funciona muy bien cuando alguien está superando tiempos difíciles, no es tan buena cuando llega el momento de compartir las historias sobre las dificultades. A menudo, cuando estos líderes comparten sobre su pasado, se saltan las dificultades como si nada hubiera sucedido y, en el proceso, se pierden la oportunidad de conectar con otros que quizás hayan pasado por algo similar.

El cerebro y la secuencia

El cerebro es una máquina compleja, el centro nervioso gracias al cual los humanos operamos y que define quiénes somos. La década de los 90 fue bautizada como la Década del Cerebro, por el entonces presidente George H. W. Bush, en un esfuerzo por aumentar la conciencia pública sobre los beneficios de las investigaciones sobre el cerebro. Se descubrió más en esos diez años que en toda la historia.

Ciertamente estas pocas páginas no son suficientes para hacerle entender todas las complejidades del cerebro y toda esa información tampoco sería valiosa desde la perspectiva de la influencia. En vez de eso, nos enfocaremos en la aplicación práctica de esas investigaciones y en cómo puede ayudarnos a mejorar nuestras vidas en las áreas del liderazgo, la comunicación, las ventas, los cambios, la influencia, los eventos y nuestras familias.

Nuestros cerebros procesan la información en ciertas secuencias. Una vez que reconocemos esas secuencias, podemos entender mejor cómo adoptamos ideas nuevas e innovaciones y por qué nos resistimos a otras.

Dicho de otra manera, por qué nos resistimos o aceptamos el cambio. El objetivo es alinear nuestros mensajes para que trabajen con los cerebros de nuestra audiencia y no en contra de ellos, lo que permitirá que exista una aceptación más rápida. Después de todo, lo que hacemos en ventas, liderazgo, comunicación, paternidad y más, generalmente involucra alguna clase de cambio.

El cerebro tiene dos funciones principales. Primero, nos protege de la amenaza de la muerte, de modo que podamos continuar viviendo y procreando. Segundo, el cerebro hace que todos los estímulos sensoriales que recibimos tengan sentido. Pero incluso esas funciones tienen una secuencia.

Las señales nerviosas viajan más rápido que las hormonas

Cuando se trata de la autopreservación, el cerebro decide la respuesta de huir o pelear. Esa respuesta está controlada por la amígdala, una parte del cerebro en forma de nuez que monitorea los estímulos sensoriales en busca de señales de alerta. En esencia, la amígdala es nuestro botón del pánico. Por ejemplo, si percibe a un tiburón, a alguien apuntándonos con una pistola o, en mi caso, a una abeja (le tengo fobia a las abejas), tiene segundos o milésimas de segundo para ordenarles a los órganos del cuerpo que envíen sangre a los músculos para preparar la defensa.

La amígdala hace eso con la ayuda de una conexión con el tálamo, el cual es la estación de transmisión del cerebro. Piense en el tálamo como la Estación Grand Central de Nueva York.

Juntos, la amígdala y el tálamo deben organizar toda la información sensorial reunida para orquestar una respuesta de defensa (pelear), de huida (correr) o, en algunos casos, de no actuar (congelarse). Esto sucede de una forma eficiente por la conexión con el hipotálamo, el cual se encuentra en el centro del cerebro y está a cargo de regular nuestras funciones autónomas, incluyendo la respiración, la digestión y los latidos.

El hipotálamo está conectado directamente con el sistema nervioso autónomo, el cual controla el sistema nervioso parasimpático (respuesta calmada) y el sistema nervioso simpático (respuesta activa). Estos dos sistemas nerviosos opuestos son antagónicos, lo que significa que no pueden funcionar al mismo tiempo. Son señales nerviosas, no señales hormonales desencadenadas por las emociones. Todo esto sucede incluso antes de que seamos conscientes de que algo ha pasado o que puede pasar.

Esto es mucho para procesar, pero es esencial para entender la influencia. Nuestros mensajes deben estar estructurados con una secuencia que se alinee con esta realidad biológica y neurológica. De otra forma, no tenemos ninguna oportunidad de que nuestros mensajes sean escuchados.

¿Por qué importa?

Tenga en mente que estas conexiones del detrás de escenas del cerebro suceden incluso antes de que nuestro neocórtex procese la idea de una amenaza potencial. En otras palabras, nuestro cerebro ya está preparado para luchar mucho antes de que seamos conscientes de que existe una amenaza.

Esto es importante porque su cerebro interpreta la amenaza del cambio, de las nuevas ideas, la venta de la compañía, un ataque verbal y mucho más de la misma manera en la que interpreta una amenaza física. Puesto de otra manera, su mensaje o intento de influenciar tiene la habilidad de desencadenar la respuesta de luchar/huir/congelarse en la audiencia. Ese es un concepto que la mayoría de la gente no tiene en cuenta. Y si usted ignora este concepto, su mensaje no tiene ninguna oportunidad de conectar con su audiencia.

Cuatro pasos hacia la influencia

Nuestro cerebro se cierra a nuevas ideas cuando estamos bajo estrés. Hay una secuencia que ayuda a calmar los mecanismos de defensa primitivos que se interponen en el camino del cambio, la innovación, las relaciones, la resolución de conflictos, las presentaciones y las ventas.

En los últimos 30 años, hemos entrenado a más de 100.000 personas en algunos ambientes de trabajo dañinos, incluyendo problemas de sindicatos, fusiones y compras, adquisiciones hostiles y grupos de ventas engreídos. Cada taller o sesión de entrenamiento que diseñamos sigue estos cuatro pasos para prevenir que las partes defensivas del cerebro saboteen el trabajo, todo mientras creamos interacción.

Paso 1: ¿estoy a salvo?

Como lo mencioné antes, el primer trabajo del cerebro es mantenernos vivos, razón por la cual la amígdala busca amenazas constantemente. Esas amenazas se miden de acuerdo con los niveles de estrés que pueden ser causados por amenazas tanto físicas como psicológicas. Las últimas incluyen el miedo a ser juzgado, el ridículo, la vergüenza, las críticas, la pérdida de trabajo, el cambio, hablar en público… y la lista sigue y sigue.

El hipotálamo es el área del cerebro que supervisa nuestras funciones autónomas, como respirar, digerir y temer: el aspecto de huir/pelear/congelarse de los humanos. No están involucrados la lógica, la razón o el entendimiento. Sólo hay una pregunta que le importa al hipotálamo: ¿estoy a salvo? Si no puede responder a esa pregunta o si la respuesta es negativa, entonces el cerebro no estará abierto a nuevas ideas, cambios o influencias.

Cuando alguien está estancado en el modo de «¿estoy a salvo?», no es un buen momento para venderle una idea o tratar de convencerlo de nada. Es un momento para escuchar, estructurar y ser predecible, cosas que comienzan con el proceso de crear una sensación de seguridad psicológica.

Esa seguridad es la habilidad para mostrarse y emplearse a uno mismo sin temer consecuencias negativas sobre la imagen propia, el estatus o la carrera, de acuerdo con William A. Kahn, profesor de administración y organizaciones en la Escuela de Administración Questrom de la Universidad de Boston[3].

Esta seguridad psicológica puede definirse como una creencia compartida de que el equipo está a salvo. Recuerde, el cerebro responde de la misma manera a las amenazas psicológicas y a las físicas. Se cierra.

Cuando se trata de nuestras audiencias, podemos promover la sensación de seguridad psicológica al hacer que la gente se sienta cómoda y sin temor de que la juzguen cuando expresa sus opiniones. Por ejemplo, en una situación de negocios, ayudar a los equipos a desarrollar un ambiente seguro para discusiones puede incluir crear reglas básicas de interacción. No interrumpir a otros cuando hablan es un buen punto de partida.

La muy conocida aproximación de las lluvias de ideas (que implica que no existen ideas malas) es un ejemplo de cómo crear seguridad. Eso se debe a que un ambiente crítico causa estrés y hace que las partes creativas del cerebro se cierren.

Para un líder, la seguridad psicológica también puede significar asegurarse de que un equipo sea parte del proceso de toma de decisiones, escuchando las necesidades del equipo y modificando el mensaje con esas necesidades en mente.

La mejor manera de crear seguridad es establecer una estructura, un orden y predictibilidad. Las agendas en las reuniones, los rituales, las prácticas estándar, los apretones de manos y la consistencia son ejemplos de cosas que crean una sensación de seguridad. Sin esa sensación, el cerebro no está abierto a escuchar o aceptar ideas nuevas.

Para promover la seguridad psicológica y conectar con mi audiencia, me esfuerzo por tomarme el tiempo de conocerla y saludarla antes de empezar con mi discurso o presentación. Consume mucho tiempo, pero vale la pena para que mi audiencia esté tranquila. (Además, esto también me tranquiliza a mí sin importar de qué tamaño sea la audiencia). En una conferencia reciente, saludé a casi 500 personas antes de subirme al escenario a dar un discurso. Valió la pena cuando me subí a la tarima y vi todos esos rostros sonrientes. Ya había creado una conexión incluso antes de empezar con la presentación.

Paso 2: ¿le importo a usted?

Después de que alguien se sienta seguro, el siguiente paso es asegurarse de que se sienta valorado. La ausencia de sentirse valorado crea más estrés, lo que desencadena la inhibición cortical que queremos evitar. El sistema límbico controla nuestras emociones y nuestra memoria, así como nuestros valores. Todos hemos conocido a una persona y olvidado su nombre de inmediato. Es probable que eso se deba a que el sistema límbico no estaba completamente activado y se encontraba aún midiendo qué tan segura era la situación.

El sistema límbico es una parte muy pequeña del cerebro, pero cuando está ocupada tomando decisiones, tiene trabajando 35.000 veces más neuronas que la parte de nuestro cerebro que se encarga de la lógica.

¿Alguna vez ha intentado convencer a alguien de que está enamorado de la persona equivocada? ¿O ha intentado hacer que alguien cambie de opinión con respecto a la política? Es una tarea aparentemente imposible en la que la biología trabaja en su contra.

Esa es la razón por la que las compañías que crean marcas se enfocan tanto en provocar emociones y valores. Y por lo que las campañas políticas desencadenan la rabia y el odio, pues todas esas neuronas pueden hacer que las personas pierdan de vista la lógica y voten de cierta manera.

El sistema límbico es un sistema de control abierto, es decir, se ve afectado por influencias externas. Una sonrisa de alguien tiene un impacto sobre nosotros, así como ver un cachorrito o escuchar las palabras correctas en el momento adecuado. Esta es la parte del cerebro que nos permite conectar con nuestras audiencias y es esencial para la influencia.

Esta también es la parte del cerebro que pregunta «¿le importo a usted o al menos me valora?». Es la parte del cerebro que está preparada para construir relaciones y confianza. Es la que hace que usted compre un producto. El reto es que, como esta parte del cerebro toma decisiones basándose en las emociones, cuando las emociones se desvanecen, necesita la lógica para reforzar la decisión. Si no hay lógica, entonces nos encontramos experimentando la culpa del comprador.

Devuélvase a las cosas fundamentales que aprendimos en la escuela o de nuestros padres. Escuchar, hacer contacto visual, sonreír y validar son maneras simples de valorar a las personas. Empezar una reunión con un chequeo para darles a todos la oportunidad de hablar también es una forma de decir: «los valoramos lo suficiente como para detener la reunión para escucharlos». Terminar con más oportunidades para hablar no sólo reconoce a las personas, sino que refuerza los mensajes clave y las lecciones de la reunión.

Paso 3: ¿es esto interesante?

Ahora que tenemos la atención de nuestra audiencia, necesitamos mantenerla y no ser aburridos. Hacemos eso al fluctuar entre los estímulos y las novedades. Y eso implica más ciencia cerebral. La corteza cerebral es el centro de aprendizaje, lógica y lenguaje del cerebro. Es el área escogida para resolver los problemas y la creatividad. Esta parte del cerebro ama los datos, la búsqueda de la verdad, el lenguaje, la solución de problemas, las propuestas de valor, las nuevas ideas y la innovación.

La primera vez que ve que aparece la luz de «revisar el motor», eso capta su atención. Luego, tras una semana, ni siquiera la nota porque el estímulo no ha cambiado y nuestra atención se va a otras cosas más estimulantes.

La novedad produce dopamina y la tensión produce norepinefrina, los dos neurotransmisores que se necesitan para captar nuestra atención. Aquí es cuando muchas personas perdieron a sus audiencias durante la pandemia y las reuniones virtuales. Los presentadores eran cabezas parlantes aburridas que jamás se movían. Los programas de televisión y las películas usan la novedad y la tensión para mantener nuestra atención y también para asegurarse de que nos conectemos la semana siguiente.

Como un conferencista o influenciador en potencia, la parte del neocórtex del cerebro es el objetivo para sus mensajes. Pero si su audiencia no se siente segura o no siente que es importante para usted (conexión), entonces a esa parte del cerebro le costará estar interesada. Eso es porque el flujo de sangre ha sido redirigido a partes del cuerpo que son necesarias para la protección. Que la sangre fluya libremente hacia el cerebro les permite a las neuronas activarse e interesarse por ideas nuevas mientras pintan imágenes de diferentes posibilidades. Eso no puede pasar bajo estrés.

En un ambiente de negocios, el uso de los visuales, los colores, los videos, la música poderosa, las inflexiones dinámicas de la voz y el movimiento del cuerpo contribuyen a que las cosas sean más interesantes. La meta es mantener la atención de la audiencia.

Paso 4: ¿es esto inspirador?

El paso final es interactuar con el lóbulo prefrontal del cerebro para que alinee las acciones futuras con los valores personales.

El córtex prefrontal es el presidente o el centro ejecutivo del cerebro y por eso determina las acciones futuras. Otra manera de pensar en él es como si fuera un simulador del futuro. Es la última parte del cerebro que se desarrolla (usualmente a los 25 años). Esta parte del cerebro crea escenarios con constancia y mira hacia el futuro.

Imagínese que un amigo lo invitó a su casa para comer helado casero. En específico, su amigo lo invitó para probar un nuevo sabor: hígado encebollado. ¿Lo probaría? ¡Es probable que su respuesta sea un no rotundo! Eso es porque su simulador del futuro (el lóbulo prefrontal) examinó experiencias pasadas, las asimiló y le permitió imaginarse el sabor potencial del helado de hígado encebollado. El simulador incluso puede haberle producido una reacción visceral ante la idea de un helado de hígado encebollado.

Algo especialmente fascinante del lóbulo prefrontal es cómo se conecta con el sistema límbico cuando está intentando decidir cuál será su siguiente movimiento. Esa conexión determina si el movimiento está alineado con sus valores. Si está alineado, usted actúa; si no, no lo hace. Esa es otra razón importante para conectar con su audiencia y apelar a sus valores personales.

El dinero nos lleva hasta cierto punto, pero cuando se involucran los valores, no nos detendremos ante nada. Como un ejemplo extremo, yo podría ofrecerle a usted cualquier suma de dinero para que saltara a unas aguas infestadas de tiburones y lo más probable es que usted no lo hiciera. Pero si su hijo o un ser querido se cayera allí, usted se lanzaría a esas aguas para salvarlos sin pensarlo ni un segundo.

Es la misma conexión cortical que impulsa la cultura apasionada de las empresas, un emprendimiento emocionante o un viaje con una misión de voluntarios. Nombré mi compañía en honor a ese fenómeno: Volentum. En realidad, *volentum* es una palabra en latín que significa «estar deseoso y dispuesto». Me la encontré cuando estaba combinando las palabras *voluntario* y *momentum*. El *momentum* voluntario es cuando nuestra energía voluntaria se dirige hacia un objetivo. Es una fuerza muy poderosa y todas las metodologías de este libro están diseñadas para atraer esa energía.

No todas las audiencias son iguales

La secuencia de la presentación también importa. Algunas veces, las culturas y demografías diferentes también tienen secuencias distintas. Algunas culturas consideran que hablar de negocios justo después de llegar es grosero y una indicación de que no se puede confiar en esa persona. Como presentador, ignorar ese punto cultural significa que no tendrá ninguna oportunidad de cerrar un trato. Por eso es que necesitamos entender la secuencia de nuestra audiencia potencial y alinear nuestro mensaje de acuerdo con ella.

En la mayoría de los casos, empezar con el mensaje y la propuesta de valor tampoco funciona. Recuerde, la estructura, el orden y la predictibilidad crean seguridad y confianza.

Por otra parte, si la propuesta es reunir dinero de inversionistas de riesgo, la secuencia sigue un protocolo que ya se espera: los números primero y la historia después. Piense en el popular programa de televisión *Shark Tank*. En ese escenario, la secuencia se parece a esto: «Hola, somos (el nombre de la compañía) y estamos buscando esta cantidad de dólares a cambio de esta participación en nuestra empresa».

Luego el presentador les cuenta una buena historia que define el problema y la solución: el producto para el cual están buscando capital. Sin embargo, a menudo los participantes tienen una gran historia con *ethos* (credibilidad) y un *pathos* (emoción) muy fuerte, pero que carece de *logos* (lógica). Cuando eso suceda, olvídese de conseguir capital.

Valores personales

Para dominar el arte y la ciencia de la influencia, debemos sumergirnos y entender no sólo nuestros valores personales y los de nuestra audiencia, sino también el rol que esos valores tienen en nuestras vidas. Algunos expertos dicen que nuestros valores personales se forman en algún punto entre los 9 y los 13 años y que se asientan alrededor de los 21. (Este es un período de tiempo que es importante recordar, especialmente cuando se trata de descubrir su historia de origen. Hablaremos más de eso luego). Esto significa que, para cuando la mayoría de nosotros empezamos a trabajar, nuestros valores son muy difíciles, si no imposibles, de cambiar.

Vemos a muchos líderes tratando de *cambiar* los valores de las personas. El pensamiento es: «tenemos que hacer que valoren X». Eso es difícil de hacer a menos que ocurra un evento traumático que sirva para cambiar esos valores. Sumado a esa desconexión, existe una gran probabilidad de que esas personas ya valoren algo similar o congruente con X. En realidad los valores no cambian, pero sí adquieren nuevas prioridades a medida que envejecemos. Hay etapas en la vida en las que la familia es una prioridad más alta y hay eventos que causan que las prioridades cambien. Las tragedias, los problemas de salud, las nuevas relaciones románticas, todo eso tiene la habilidad de afectar nuestras prioridades.

Por desgracia, acceder (neurológicamente) a esos valores es difícil porque el ambiente en el que el líder está tratando de ser influyente no es *seguro*. La audiencia no se siente psicológicamente *segura* y, como lo hemos discutido, sin esa seguridad, la influencia no sucede. Esto importa cuando se trata de influenciar, pues si podemos alinear nuestro mensaje con lo que la audiencia ya valora, entonces es más probable que se involucren por completo con el orador y su mensaje.

Esta es otra oportunidad para convertirse en un estudiante de su propia experiencia. Piense en los valores que son esenciales para usted, esas cosas que le importan en la vida. Quizás destacan la honestidad, la familia y la libertad financiera. ¿Por qué destacan? ¿Quiénes fueron sus entrenadores y modelos a seguir cuando tenía entre 9 y 13 años, cuando estaba en esos años formativos? A menudo, los valores personales vienen de esos años y de esos modelos a seguir. Lo más probable es que esos modelos a seguir exhibieran esos valores bien o que usted necesitara esos valores y los modelos a seguir le fallaron, así que escogió adoptarlos como propios.

Cuando su mensaje puede conectarse con las áreas del cerebro que controlan la emoción, los valores y la lógica, la gente se creerá ese mensaje porque se alinea con aquello en lo que ya creen. El resultado es la influencia. Yo pienso en eso en términos de que la cabeza y el corazón se unen para actuar juntos.

Lecciones poderosas

- Antes de comunicar cualquier mensaje, debemos estar en sintonía con las emociones de nuestra audiencia.

- Piense antes de tiempo en cómo una audiencia podría responder a un mensaje.

- Nuestros cerebros procesan la información en ciertas secuencias. El objetivo es alinear nuestros mensajes para que trabajen con los cerebros de nuestra audiencia, en lugar de en su contra, lo que permite una aceptación más rápida.

- Los cuatro elementos que una audiencia considera cuando se trata de la influencia son:

  ▲ ¿Estoy a salvo?

  ▲ ¿Le importo a usted?

  ▲ ¿Es esto interesante?

  ▲ ¿Es esto inspirador?

- Su mensaje debería considerar la secuencia y la cultura de la audiencia potencial.

- El cerebro responde a las amenazas psicológicas de la misma manera que a las físicas. Se cierra.

- La audiencia debe sentirse psicológicamente *segura* porque, sin esa seguridad, la influencia no sucede. La estructura, el orden y la predictibilidad crean seguridad y confianza.

CAPÍTULO 4

LA CONCIENCIA SOBRE UNO MISMO Y EL DESCUBRIMIENTO

"Una vida que no se examina no es una vida que valga la pena vivir"

—**Sócrates**

L a mayoría de las conversaciones sobre la influencia se centran en trucos mentales Jedi, persuasión y dar discursos a una gran multitud. Esas conversaciones son interesantes, pero realmente no se relacionan con el trabajo de convertirse en un influenciador poderoso. Ese trabajo empieza dentro de cada uno de nosotros.

La habilidad número uno de un líder es la conciencia sobre sí mismo. Todos los cursos respetados de liderazgo lo enseñan y todos los grandes líderes lo exhiben. La autoconciencia es el poder que nos permite efectuar cambios en nuestras propias vidas y en las vidas de quienes nos rodean.

Viéndolo más de cerca

La autoconciencia es más que la habilidad de entender cómo nuestro comportamiento y nuestras acciones afectan a los demás. Se trata de identificar las idiosincrasias personales, esas características que asumimos que son la norma, pero que en realidad representan la excepción.

La desconexión

Estas idiosincrasias son importantes porque, cuando existe una desconexión, un líder no puede conectarse con sus equipos o un orador no puede conectarse con sus audiencias. Por ejemplo, un conferencista da un consejo terrible, como «sólo sigan adelante» o «supérenlo», y la audiencia lo aplaude.

Muchas veces el conferencista no tiene en cuenta que no todos tienen la misma habilidad para sobreponerse o sencillamente olvidar las adversidades. Lo que es peor, puede que algunas personas de la audiencia ni siquiera tengan esa opción. Cuando eso sucede, el conferencista queda como un desentendido, alguien que no conoce los sentimientos reales de su audiencia.

Los resultados

El autoconocimiento no es únicamente una habilidad blanda. Tiene un impacto significativo en los resultados finales de una compañía. Los empleados de compañías con un rendimiento pobre, según las medidas del rendimiento de las acciones, tenían un 79% más de probabilidades de tener un autoconocimiento más bajo que aquellos en empresas con rendimientos sólidos. Esto es según las investigaciones de Korn Ferry, una firma global de consultoría organizacional[1].

Incluso con los datos científicos apoyando la importancia del autoconocimiento, sigue siendo una habilidad elusiva para muchos en el lugar de trabajo. Las mujeres en posiciones ejecutivas tienen más conciencia sobre sí mismas que los hombres en los mismos puestos, de acuerdo con el Hay Group: 19% de mujeres versus solo el 4% de sus pares masculinos[2].

Los dos tipos

A lo largo de los años, muchos expertos y no tan expertos han definido y estudiado la autoconciencia. Una experta que ha hecho investigaciones exhaustivas sobre el tema es la psicóloga organizacional, investigadora y doctora Tasha Eurich. Es la autora de *Intuición: por qué no somos tan conscientes como pensamos y cómo el vernos claramente nos ayuda a tener éxito en el trabajo y en la vida.*

En su popular TedTalk™ del 2017, Eurich comparte que las personas que tienen conciencia de sí mismas son mejores comunicadoras, les va mejor en el trabajo y son líderes más efectivas en compañías más rentables[3]. A propósito, Eurich tiene un quiz de autoconciencia gratuito en línea. No es absolutamente definitivo, pero nos da datos sobre quiénes somos (http://www.insight-quiz.com/selfquiz.aspx?z=0).

Eurich identificó dos categorías de autoconciencia: interna y externa[4].

Autoconciencia interna

La autoconciencia interna es cómo nos vemos a nosotros mismos en relación con nuestros valores, emociones, fortalezas, debilidades y ambiente. Eurich encontró que la autoconciencia interna tiene una asociación positiva con la satisfacción en el trabajo y las relaciones, con los niveles percibidos de autocontrol, con la creatividad y con la felicidad en general[5]. Todas estas habilidades son esenciales para la influencia y el éxito en la vida, tanto personal como profesionalmente.

Autoconciencia externa

La autoconciencia externa expresa cómo nos ven otros en relación con nuestros valores, emociones, fortalezas, debilidades y ambiente. Esto es clave para la habilidad de la influencia porque le permite verse como otros lo ven.

Los líderes con autoconciencia externa son más empáticos y pueden relacionarse mejor con otras personas. La investigación de Eurich también demostró el valor organizacional de la autoconciencia en términos de una mayor satisfacción laboral, empleados con mejor rendimiento y mayor productividad[6].

> *"Siga a aquellos que buscan la verdad y aléjese corriendo de aquellos que proclaman haberla encontrado".*
>
> —Voltaire.

Advertencia: la autoconciencia no es común

La mayoría de las personas piensan que son relativamente conscientes de sí mismas, pero sólo porque alguien lo diga o lo piensa, no quiere decir que lo sea.

Únicamente el 10 al 15% de la gente que dice tener autoconciencia la tiene en realidad, de acuerdo con Eurich[7]. Poniendo eso en perspectiva, los números significan que uno de cada diez líderes y gerentes encaja con el criterio de ser consciente de sí mismo. Piense un poco en eso.

Después de estudiar el cerebro por tanto tiempo, me queda una cosa clara: no hay manera de saberlo todo o de estudiar todos los ángulos. Necesito de múltiples perspectivas para siquiera empezar a estudiar un problema con claridad. Y, sí, podemos tener confianza en cómo vemos las cosas, pero también debemos mantener la mente abierta a la posibilidad de que aparezca nueva información que pueda ser útil o a que nuestra perspectiva esté mal. La verdad es lo que más importa y es la medida del éxito.

Lo que hace que lograr la autoconciencia sea incluso más difícil es que la investigación de Eurich también descubrió que la experiencia y el poder obstaculizan la autoconciencia. Entonces, cuanto más inteligente sea y más exitoso se vuelva, más difícil será que sea consciente de usted mismo.

Por eso es importante enfocarse en la autoconciencia. Cualquiera puede aprender la habilidad de la influencia, pero si perdemos de vista cómo nuestros comportamientos afectan a quienes nos rodean, esa habilidad no sirve para nada. Ninguna habilidad o técnica compensa la falta de discernimiento o el estar desconectado de la realidad.

Por otra parte, un líder con autoconciencia tiene el poder de inspirarnos para efectuar cambios en nuestras propias vidas y en las vidas de aquellos que nos rodean. Las personas con autoconciencia entienden su porqué y también el qué cuando se trata de actuar y de creer en sí mismos y en otros.

Sus experiencias

Cuando entendemos el porqué detrás de la acción, es mucho más fácil comprender y desencadenar los mismos sentimientos y acciones en otros. De nuevo, todo empieza convirtiéndose en un estudiante de sus propias experiencias.

Eso significa ser consciente de sus interacciones con la gente, cómo se comporta y cómo se siente al respecto y de ser consciente sobre cómo se comporta usted, qué dice y cómo pueden responder otras personas a eso. Présteles atención a los comentarios repetidos de las personas, pues es algo que debe tener en cuenta. Préstele aún más atención a esa retroalimentación si lo hace sentir a la defensiva. Esa retroalimentación puede estar cerca de una verdad que usted no está dispuesto a enfrentar.

También préstese atención a usted mismo y cómo se siente, así como a otros y cómo se sienten. Aprender de nuestras experiencias no siempre se hace. Requiere de un esfuerzo consciente y constante. Todos tenemos nuestros lapsos en los que no aprendemos. Es parte de la naturaleza humana. Pero siempre debemos seguir intentándolo.

Los líderes exitosos están conscientemente en contacto con quiénes son, sus emociones y lo que está pasando a su alrededor. Sin esa conciencia, una persona se desconecta y tiene influencia mínima. Él o ella pueden hablar, pero nadie los escucha, nadie se siente inspirado y no los respetan.

Por ejemplo, considere a Johnny. Tiene buenas intenciones, pero sencillamente no entiende esto y carece de la conexión con el sentimiento general que lo rodea y con cómo se siente la gente. Hace bromas en los peores momentos e intenta inspirar cuando debería estar escuchando.

Johnny publica en redes sociales sobre la necesidad de aislarse cuando en realidad está sentado en su jacuzzi con su familia perfecta. Jamás se le ocurre que muchas personas no tienen jacuzzis o no pueden quedarse en casa con sus familias. Definitivamente, no se da cuenta de que algunas personas no pueden permitirse dejar de trabajar e irse a casa como él.

Johnny tiene buenas intenciones, pero termina hiriendo y frustrando a otros. Tristemente, nadie se lo dirá porque saben que no responderá bien. Lo opuesto a Johnny, el desconectado, es alguien empático.

Presencia

La autoconciencia se trata también de cómo se presenta usted ante otros. Olivia es elocuente, inteligente y tiene una sonrisa hermosa que puede alegrar a todo un salón. Pero pocas personas lo saben. No es porque Olivia no tenga un gran mensaje por comunicar, pues lo tiene. Es consciente de sí misma en muchos niveles, pero Olivia casi nunca habla alto.

¿Le suena familiar? Muchas personas tienen mensajes poderosos por compartir, pero, por una u otra razón, no están dispuestas a dar un paso adelante y quedar bajo los focos. Quizás es la timidez (la respuesta de congelarse) o la respuesta de luchar o huir que está relacionada con el miedo a cometer un error, a las críticas o incluso a una inseguridad cultivada desde la niñez.

Sea cual sea la razón, si escogemos el camino de hacernos más influyentes, necesitamos comenzar con el proceso de lidiar con todo lo que pueda estar impidiéndonos entrar al juego.

Como líderes, las personas nos están observando así nos guste o no. Tenemos que amplificar nuestro nivel de autoconciencia para incluir el lenguaje corporal, las expresiones faciales y el comportamiento de dar un paso adelante. Un diamante en bruto como Olivia no puede influenciar a nadie si se queda en una esquina. Debe salir de allí y hacer parte del juego.

Por el contrario, yo mido 1.80, estoy calvo, tengo barba de chivo y peso unos 118 kilos. Tengo la ventaja de ser físicamente más grande que muchas personas, lo cual hace que sea difícil no verme cuando entro a un salón. Dicho eso, he estado en eventos donde me he sentido completamente invisible. Cuando empecé mi carrera como conferencista, entraba a los salones y ninguna persona me miraba o me hablaba.

Luego me subía al escenario y, durante el resto de la convención, la gente no dejaba de hablarme. Ese poder de estar en el escenario y la influencia inmediata que creaba me fascinó.

Es su turno

Con frecuencia hablo frente a miles de personas. Sin embargo, la forma en la que entro a un salón aún importa. Cada uno de nosotros debemos aprender a ser conscientes de cómo nos movemos para poder controlar nuestro lenguaje corporal y entregar el mensaje correcto.

Debemos aprender cómo ser afables y agraciados (sí, los hombres también podemos ser agraciados), confiados y elegantes, dispuestos a dar un paso adelante, a compartir nuestro mensaje y a que nos aborden al final. Todo hace parte de la verdadera autoconciencia y del entender todos los dones que cada uno de nosotros tenemos por compartir.

Recuerde, nos comunicamos con nuestros cuerpos mucho antes que con nuestras bocas, así que asegúrese de que su cuerpo grite el mensaje adecuado.

El valor de la práctica

Como la influencia, la autoconciencia es una habilidad que puede aprenderse. E, igual que la influencia, requiere de tiempo, esfuerzo consciente y práctica. Justo como cualquier habilidad que valga la pena desarrollar o cualquier oficio que valga la pena dominar, necesitará dedicar años de disciplina y práctica al perfeccionamiento de sus habilidades.

Eso puede sonar intimidante, pero esos años pasarán así no practique esas habilidades. Entonces, ¿por qué no encontrarse en cinco o diez años con cinco o diez años de práctica y disciplina en su hoja de vida? No se arrepentirá, se lo prometo.

Entrene como los profesionales de la élite

He tenido la afortunada oportunidad de trabajar con atletas de la élite, Navy SEAL y presidentes de compañías. La única cosa que, sin lugar a dudas, separa a estas personas de alto rendimiento de los principiantes es la intensidad de sus entrenamientos.

Piense en un atleta profesional. La intensidad de su entrenamiento es algo duro que muchos no podríamos ni imaginarnos. Todo sucede muy rápido y siempre están cubiertos de sudor. No paran y siempre están trabajando en ser mejores en lo que hacen.

Ya sea un prodigio del básquetbol, un profesional del tenis o del golf, un atleta olímpico o un atleta de secundaria, todos trabajan duro para mejorar sus habilidades. Lo mismo hacen los músicos, los campeones de ajedrez, los profesores y los jugadores de póquer. Todos practican para mejorar.

Un conferencista e influenciador no es diferente, excepto por la parte de estar cubierto de sudor. Debemos dedicar años a la investigación y pasar incontables horas frente a un espejo, una cámara o un escenario pequeño para volvernos mejores no sólo en oratoria, dar presentaciones y contar historias, sino también en la autoconciencia, de modo que algún día podamos ser exitosos en un gran escenario.

Lejos de ser perfectos

Pero tenga cuidado, la práctica no crea la perfección. Así es. La práctica lo hace constante. Si tengo un mal *swing* de golf y lo practico mal una y otra vez, tendré consistentemente un mal *swing* de golf. Practicar de forma perfecta crea la perfección. Por eso los atletas (y los líderes de negocios también) tienen entrenadores que se aseguran de que practican de una manera perfecta.

La retroalimentación con una perspectiva externa es invaluable en el proceso de crear autoconciencia porque, en general, las personas sobreestiman sus habilidades personales. En otras palabras, tendemos a pensar que somos mucho más inteligentes y que estamos mejor equipados para manejar los baches de la vida de lo que realmente lo estamos. Tendemos a juzgar a otros por sus peores acciones y a nosotros mismos por nuestras mejores intenciones.

Descubrimiento

Cuanto mejor nos entendamos a nosotros mismos y cómo y por qué reaccionamos a ciertas cosas, mejor podremos canalizar y conectar con influencia.

¿Tiene usted conciencia sobre sí mismo?

Los individuos que tienen autoconciencia:

- *Conocen sus fortalezas y debilidades.*
- *Entienden sus valores personales y están cómodos con ellos sin importar las influencias externas.*
- *Están en contacto con sus emociones y sentimientos y las emociones y sentimientos de otros.*
- *Son receptivos y aprecian la retroalimentación.*
- *Entienden cómo los demás los perciben.*
- *Tienen un entendimiento preciso de cómo su lenguaje corporal afecta a aquellos que los rodean y su mensaje.*

Incremente su autoconciencia

Ahora que entendemos qué es y qué no es la autoconciencia y cuál es su rol en la influencia, veamos algunos *tips* sobre cómo incrementar nuestra autoconciencia. Por supuesto, ser estudiantes de nuestras propias experiencias es crucial.

Llevar un diario

Si ya tiene un diario, felicitaciones. Ya entiende el increíble valor de revisar lo que ha escrito, del proceso de autorreflexión y de lo que puede enseñarnos sobre nosotros mismos. Esto toma tiempo y disciplina, pero el resultado vale mucho la pena.

Yo soy un gran fanático del *Diario de cinco minutos* (https://www.intelligentchange.com). Ofrece una rutina matutina simple que se compone de tres preguntas fáciles. Cuando respondemos esas preguntas, empezamos bien el día. También hay una rutina nocturna que nos hace reflexionar sobre las experiencias positivas del día y nos permite enfocarnos en cómo crear un mañana productivo. Todo esto le toma, literalmente, menos de cinco minutos al día, aunque también tiene la oportunidad de pasar más tiempo con preguntas más largas.

El proceso de empezar cada día con intención se trata de escoger la autoconciencia. Al terminar el día con una reflexión, usted aprende y se convierte en un estudiante de su día para ser mejor el día de mañana. No hay algo más fácil que esto.

Incremente su inteligencia emocional

El autoconocimiento, como lo mencioné antes, es un componente clave de la inteligencia emocional. La inteligencia emocional es su habilidad para reconocer y entender las emociones en usted mismo y en otros y su habilidad para usar esa conciencia para manejar su comportamiento y sus relaciones.

Hay una cantidad de pruebas de inteligencia emocional en línea, así como libros invaluables y videos infinitos de YouTube sobre el tema. Escriba «inteligencia emocional» en cualquier buscador y empiece a explorar y a aprender.

Quiero despertar su curiosidad en esta área porque le ayudará en todos los aspectos de su vida.

Tenga en mente que, como con todo lo que está disponible de manera gratuita en línea, las pruebas gratis no son siempre acertadas, pero sí son un buen punto de partida para su viaje. Algunas de las pruebas de inteligencia emocional que están disponibles en línea son:

- Greater Good Science Center, Universidad de California, Berkeley (https://greatergood.berkeley.edu/quizzes/ei_quiz/take_quiz).

- Global Leadership Foundation (http://globalleadershipfoundation.com/geit/eitest.html).

- Psychology Today (https://www.psychologytoday.com/us/tests/personality/emotional-intelligente-test).

Présteles atención a los desencadenantes externos

Mantenga una lista de los factores que lo hacen sentir feliz, triste, a la defensiva, atraído, intrigado, temeroso y cualquier otra cosa positiva o negativa. Identifique esos desencadenantes o indicadores negativos y positivos.

Luego présteles atención a esos mismos comportamientos y cómo causan que otros se comporten con usted. ¿Cómo responde usted a esos desencadenantes? ¿Cómo le responden otras personas a usted? Anote todo esto en su diario.

Obtenga retroalimentación de fuentes confiables

Cuando recibe retroalimentación, su empatía crece y entiende el impacto que tiene en otros. La retroalimentación lo ayuda a identificar puntos ciegos personales, los cuales, si no enfrenta, pueden impedirle usar su habilidad para influenciar.

Los mejores conferencistas, presentadores y agentes de ventas, sin importar cuán experimentados sean, siempre evalúan sus presentaciones. Incluso pueden hacerlo tomando notas mentales. Usualmente tienen a alguien en la audiencia que se fija en puntos de mejora. El proceso de mejora continua e incremental es clave para tener éxito. Además, los cambios pequeños son más fáciles de digerir.

¡Grábelo todo!

Al menos un día de cada semana, todos los equipos deportivos profesionales revisan no sólo grabaciones de ellos mismos, sino de su competencia. Hoy en día, hacer esas revisiones es muy fácil.

Puede examinar su trabajo incluso en grabaciones de video de su celular. Analice de qué habló, cómo lo dijo, la secuencia en la que lo dijo, qué fue bien recibido, qué no se entendió, qué referencias tuvieron éxito y cuáles pasaron desapercibidas. Se sorprenderá de lo que puede aprender y cómo puede mejorar a través de este ejercicio de revisión.

Si está en una reunión virtual, no hay problema. Grábelas también. Algunas aplicaciones de reuniones en línea incluyen la opción de grabar. Asegúrese, por cortesía, de avisarles a los participantes que va a grabar la reunión.

Identifique sus valores centrales y alinéelos con sus comportamientos

Todos tenemos valores centrales que guían lo que hacemos. Algunas personas son más conscientes de esos valores que otras.

Sin embargo, cuanta más consciencia pueda crear sobre esos valores, más fácil se volverá alinear sus decisiones y comportamientos. También se dará cuenta de que una consciencia mayor hará que sea más fácil identificar cuándo se ha desalineado y cuándo no está conectado con su audiencia.

Practique el *mindfulness*

Muchos líderes con rendimiento inferior usan las ideas de la meditación y el *mindfulness* como chistes. Esa es la primera señal de que jamás se han enfrentado a una multitud que grita o a un tiro ganador. Muchos atletas olímpicos y campeones mundiales practican alguna forma de meditación o *mindfulness*.

Es verdad que la manera en la que algunas personas practican con estas herramientas puede ser un poco incómoda y dura de manejar para un negocio. Pero no permita que unas pocas prácticas inusuales echen a perder el verdadero valor del *mindfulness* y la meditación.

El *mindfulness* o la meditación, cuando se practican durante al menos 10 minutos al día, han demostrado ser capaces de aumentar el enfoque y permitirles a las personas prestar más atención a lo que está sucediendo en el momento. Este entrenamiento cerebral también ayuda a que los líderes se conviertan en mejores oyentes, pues les permite eliminar las distracciones. Eso incluye preocuparse por preparar la siguiente reunión.

Lecciones poderosas

* La autoconciencia interna es cómo nos vemos a nosotros mismos con relación a nuestros valores, emociones, fortalezas, debilidades y ambiente.

* La autoconciencia externa expresa cómo nos ven los demás con relación a nuestros valores, emociones, fortalezas, debilidades y ambiente. Esto es clave para la habilidad de la influencia porque le permite verse a usted como lo ven los demás.

* Tenemos que aprender cómo ser afables y agraciados (sí, los hombres también pueden ser agraciados), confiados y elegantes, dispuestos a dar un paso adelante, a comunicar nuestros mensajes y a que nos aborden al final.

* La práctica no crea la perfección. La práctica perfecta sí lo hace. Por eso los atletas (y los líderes de negocios también) tienen entrenadores que se aseguran de que practican perfectamente.

* Llevar un diario es una forma excelente de reflexionar sobre nosotros mismos, puede enseñarnos cosas sobre quiénes somos y ayudarnos a volvernos mejores en lo que hacemos.

* La autoconciencia es una parte importante de la inteligencia emocional.

* Ser conscientes nos ayuda a alinear nuestros mensajes, decisiones y comportamientos con nuestros valores.

PARTE II

LA FÓRMULA

CAPÍTULO 5

MARCOS: LA VENTANA HACIA SU MUNDO

"Usted le añade o le resta a su influencia.
No hay término medio".

—René Rodriguez

Los marcos son constructos de la realidad que proveen un contexto psicológico para ayudarnos a entender el mundo. La terminología más común es *marco de referencia*: el concepto de usar la experiencia o conocimientos pasados para ayudarnos a entender algo de la realidad actual.

Por ejemplo, alguien pudo haber esquiado cuando era un niño y se lesionó haciéndolo. Desde ese momento, esa lesión es la manera en la que contextualiza la experiencia de esquiar y las respuestas comportamentales derivadas. Su marco de esa experiencia puede incluir:

- Trauma.

- Diversión.

- Humillación.

- Lo que siempre me pasa a mí.

- Una parte natural de la vida.

- Retroalimentación sobre cómo mejorar.

La lista de marcos posibles es infinita. Alguien que enmarca la experiencia como divertida responderá de una manera muy diferente a alguien que la enmarca como algo humillante.

En comunicación, o el orador provee el marco o el escucha proveerá uno subconscientemente. El escucha debe hacerlo, pues es la única manera en la que podemos saber cómo percibir el mundo.

Una aproximación diferente

Para dominar de verdad el arte y la ciencia de la influencia debemos desaprender hábitos viejos. Eso incluye dejar de responder preguntas y comunicar mensajes sin tener primero un marco claro.

Para entender mejor estos cambios, pensemos de nuevo sobre la secuencia y cómo procesa información el cerebro. Imagínese la comunicación con la forma de una línea de tiempo con un pasado, un presente y un futuro. La mayor parte de la mala comunicación sucede porque respondemos en el aquí y en el ahora sin contexto. Cuando asumimos que nuestro oyente opera desde nuestro mismo marco de referencia, nos arriesgamos a que nos malentienda por completo.

Para entender cómo los marcos construyen la realidad, considere este ejemplo. Si alguien tiene un marcador (de esos que vienen en muchos colores), sabemos qué es porque es probable que hayamos usado uno antes. Todos tenemos el mismo marco de referencia. Nuestras experiencias pasadas nos ayudan a entender lo que está frente a nosotros. Son nuestro constructo de la realidad.

Suena bastante simple, pero vayamos más profundo.

¿Qué se le viene a la mente cuando alguien menciona la profesión de «vendedor de carros usados»? Es probable que pensemos en palabras como *sospechoso* e *insistente* y que pensemos en alguien que nos quiere estafar. Si la mención de una profesión propicia palabras horribles como estas, imagínese el impacto que esos marcos negativos pueden tener sobre otras personas.

«No se preocupe. Soy un vendedor de carros usados. Puede confiar en mí». Cuando le digo eso a una audiencia, la mayoría de la gente se ríe. La risa es predecible porque las palabras son incongruentes con el marco aceptado. Hablaré más de las incongruencias luego.

Estableciendo el marco

Mi abuelo vivió en Cuba y estaba decidido a llevarse a toda su familia a los Estados Unidos y buscar una mejor vida. Entonces le escribió una carta al entonces presidente Harry S. Truman. Decía que si el presidente se los llevaba a él y a su familia a los Estados Unidos, se uniría al ejército y pelearía por los Estados Unidos. De alguna manera, la carta le llegó a la persona correcta. Se conmovieron (se vieron influenciados) y mi abuelo, mi abuela, mi tía y mi madre llegaron a Estados Unidos. Fiel a su palabra, mi abuelo se unió al ejército en ese momento.

Ocho años después, mi abuelo y su familia terminaron en Homestead, Florida, cumpliendo el famoso sueño estadounidense. Hoy en día Homestead es un suburbio muy activo que queda a unos cincuenta kilómetros al norte de Miami. Pero en esa época allí a duras penas estaba la Base Patrick de la Fuerza Aérea.

En ese momento, el sueño estadounidense de mi abuelo iba hasta donde pudiera caminar. Pero una persona creyó especialmente en mi abuelo y reconoció lo que había hecho por nuestro país. Le ayudó a mi abuelo a conseguir un vehículo viejo para que pudiera expandir su búsqueda de trabajo. Eso cambió la trayectoria de la vida de mi abuelo, de mi madre y, al final, de la mía. Esa persona que creyó en mi abuelo fue un vendedor de carros usados.

¿Notó que, cuando estaba leyendo lo de arriba, ningún marco negativo le surgió en la mente? Con esta historia, estoy estableciendo el marco. Estoy pintando una imagen y llenando los espacios en blanco para que el oyente no tenga que desarrollar su propio marco, que probablemente hubiera sido negativo. O usted provee el marco o la audiencia se lo proveerá a sí misma. No se arriesgue, establézcalo.

¿Está empezando a entender la importancia de la secuencia y el marco? Examinemos el marco anterior. Es probable que la revelación de que el hombre que ayudó a mi abuelo fuera un vendedor de carros usados no creara una respuesta negativa porque estaba en el contexto del marco positivo que presenté. En esencia, establecí el marco antes de que su cerebro lo hiciera. La historia de fondo de mi abuelo creó un marco que pintó una imagen de la persona que superaba por mucho las experiencias negativas pasadas con vendedores de carros usados. ¿Por qué? La respuesta está en la secuencia. Y yo establecí el marco primero.

La fórmula AMPLIFII™

La forma más fácil y productiva de entender cómo encajan juntas las tres partes de la fórmula AMPLIFII™ (marco, mensaje, argumento de cierre) es ver un ejemplo de la vida real. Así tendrá una base para entender los diferentes elementos.

La historia de Janice

A Janice la llamaron para una entrevista para el rol de presidenta de un conglomerado global multimillonario e involucraron a mi compañía para ayudarla a prepararse para una entrevista de trabajo exhaustiva. Janice tenía una maestría y un doctorado y se comportaba con confianza y buena presencia. Cuando hablaba, todo el mundo sabía que alguien especial se encontraba en el salón. De hecho, era *su* salón. En otras palabras, exudaba un *ethos* masivo.

Para ayudar a Janice a prepararse para su entrevista de trabajo, creamos una entrevista de prueba para evaluar tantos aspectos de su rendimiento como fuera posible. Me senté a un lado para observar sus expresiones faciales, sus microexpresiones, sus movimientos, sus secuencias, sus pasos y más.

Una de las primeras preguntas que le hizo el moderador fue: «cuéntenos sobre aquello de lo que está más orgullosa en su vida».

Janice lo pensó un minuto y luego, con confianza, respondió: «saqué calificaciones perfectas en mi último año de bachillerato».

Si no hay marco, se crea un gran riesgo

La respuesta fue corta, concisa y fue directo al punto, tal como se lo han enseñado a todos los ejecutivos (y a la mayoría de nosotros). Sin adornos. Esto está genial, ¿no? ¡Incorrecto!

Janice no dio contexto y dejó que los oyentes subconscientemente intentaran entender a qué se había referido. Para hacerlo, usaron sus propios marcos. El reto es que Janice no tiene ninguna manera de saber qué marcos escogerán los oyentes y si eso jugará a su favor o en su contra. Esa no es una buena situación, ya sea una entrevista, una llamada de ventas o una presentación, pues el *ethos* está en riesgo.

Quizás varios oyentes enmarcaran a Janice como una perezosa o procrastinadora que nunca se molestó con estudiar en bachillerato, sino hasta el último año. O quizás era una niña malcriada que lo tuvo todo, así que no sentía la necesidad de estudiar.

Escuchar esos marcos hizo que Janice llorara, lo cual ilustra cuán alejados estaban esos contextos de su realidad. Hacer llorar a Janice no era el objetivo, pero fue una lección dura que le permitió entender cuán fácilmente se puede perder un mensaje cuando no se lo pone en un marco. También indicó la importancia personal que tenía esa historia para ella.

Cuando los comunicadores no preparan el escenario o no crean un marco de referencia para sus audiencias, esas audiencias llenarán la narrativa con sus propias ideas, las cuales están basadas en sus experiencias.

El poder de establecer un marco

El liderazgo y la influencia no se tratan sólo de nosotros hablando. Mucho más a menudo se tratan de crear una plataforma para que otros brillen. Esta habilidad para escuchar los valores de otras personas es crítica para el liderazgo. Con demasiada frecuencia, la gente escucha desde su propio mundo y no desde el de su audiencia. En su lugar, cuando escuchamos lo que es importante para otros y lo que valoran, podemos ayudarlos a crear marcos importantes, los cuales son críticos para entender mejor sus mensajes.

Con la importancia del marco en mente, Janice empezó a compartir más sobre por qué estaba tan orgullosa de sus notas en su último año:

Durante toda mi vida, la gente me dijo que era estúpida y que no lograría nada. Cuando uno crece escuchando eso todo el tiempo, uno empieza a creérselo. Tuve dificultades en la escuela. Pero algo sucedió en mi último año de bachillerato. Me miré en el espejo y dije: «o voy a creerles para siempre o voy a hacer algo para probarles que no están en lo correcto». E hice algo. Saqué notas perfectas ese último año.

Después de que Janice dijo eso, podríamos haber cortado la emoción (el *pathos*) del salón con un cuchillo. Una de las entrevistadoras de prueba incluso se limpió una lágrima porque se sintió muy mal por haber juzgado mal la respuesta inicial de Janice. Pero sencillamente así es como funciona la comunicación. Si no contextualizamos, nuestro mensaje se pierde.

Las historias desencadenan la producción de oxitocina

Ahora sabemos que Janice es una luchadora. Trabaja duro para sobreponerse a las posibilidades y es resiliente. El marco capta nuestra atención y se alinea con nuestros valores. Al mismo tiempo, desencadena un poderoso efecto dominó de neuronas en el cerebro de Janice, el cual se sincroniza con el cerebro de su audiencia.

Cuando eso sucede, nuestros cuerpos secretan oxitocina, la hormona que nos lleva a sentir empatía. La empatía nos prepara para actuar. Eso es exactamente lo que usted quiere que suceda en una entrevista. Pero ¿actuar para qué? Aquí entra el argumento de cierre.

La historia crea el marco y permite que el mensaje de Janice (que es una luchadora resiliente) sea escuchado. Eso diferencia a Janice de todos los demás y nos vemos emocionalmente conmovidos.

Pero aún no estamos influenciados. Necesitamos la tercera y última pieza de la fórmula AMPLIFII™: el argumento de cierre, el momento en el que se crea el valor con un objetivo claro de influencia en mente.

El argumento de cierre es lo que acaba con la presentación: «lo que esto significa para usted es...». Conecta los puntos de por qué esta historia es valiosa para el oyente. Se asegura de que el oyente no asuma incorrectamente la moraleja o la lección de la historia. Lo protege a usted de ser malentendido y hace que lo valioso que está entregando quede explícito y sea obvio. Nunca asuma que la gente entiende el valor, así que asegúrese de cerrar bien.

Aunque a veces un cierre está basado en una acción, no necesariamente es un llamado para actuar. El cierre se trata de dejarle muy claro el valor al oyente. Debido a que el valor está conectado con lo que le importa al oyente, la influencia sucede, se toma acción, se contratan personas, se compran productos y se siguen los puntos de vista.

Con Janice, su objetivo de influencia era que la contrataran. Eso está claro, así que su cierre debe lograr que su historia acerca de sobreponerse a las dificultades en bachillerato sea la razón por la que la quieran en ese trabajo.

La respuesta completa de Janice a la pregunta inicial, usando la fórmula AMPLIFII™ (marco, mensaje, argumento de cierre), se ve así:

1. **Marco:** «desafortunadamente, mientras crecía, estuve rodeada de adultos que me dijeron que no era muy inteligente. Cuando los adultos le dicen eso a uno cuando es pequeño, uno empieza a creérselo y tiene dificultades en la escuela. Pero algo pasó en mi último año de bachillerato. Me miré en el espejo y dije: 'o les creo para siempre o voy a hacer algo para probarles que no están en lo correcto'. Decidí que iba a hacer algo al respecto. Y lo hice».

2. **Mensaje:** «saqué calificaciones perfectas en mi último año de bachillerato».

3. **Técnica de cierre:** «comparto esta historia con ustedes porque, si obtengo la oportunidad de trabajar con ustedes y su equipo, habrá momentos en los que estaremos bajo mucha presión, con las espaldas contra la pared y enfrentándonos a lo que parecerán retos imposibles. Les prometo esto: estaré allí trabajando tan

duro como ustedes para sobreponernos a los retos de la misma manera en la que superé los retos de mi vida personal, pero esta vez lo haré por ustedes y su equipo».

El mensaje de Janice queda claro. Su valor es tangible. Y su marco, presentado con *pathos*, hace que sea creíble y que queramos actuar. Eso es influencia.

El marco de referencia psicológico

Más específicamente, necesitamos pensar en los marcos como marcos de referencia psicológicos. Un marco psicológico es el marco mental de alguien cuando entran a una situación, ya sea una presentación de ventas, una clase, una sesión de entrenamiento o un primer encuentro.

Hay tres factores que son importantes para determinar la percepción de alguien:

- El estado fisiológico.
- Las experiencias pasadas.
- Las necesidades físicas y emocionales.

Esos tres factores también figuran en la conversación sobre secuencias. Por ejemplo, alguien puede tener una gran idea para compartir, pero si no han tenido en cuenta la realidad fisiológica, las posibles experiencias negativas pasadas o las necesidades físicas y emocionales de alguien, la idea no tiene ninguna oportunidad.

Percepciones

Nuestra fisiología afecta cómo percibimos la información. Si estamos ciegos, otros sentidos se agudizan. Si estamos estresados, nos encontramos más a la defensiva y más escépticos para protegernos a nosotros mismos.

Nuestra experiencia pasada es una influencia poderosa para nuestra percepción. Cuando tenía 14 años, me picaron 27 abejas. Ahora, cada que veo una abeja volando por el rabillo del ojo, mi cerebro lo percibe como un ataque de abejas y yo reacciono. Las malas experiencias nos condicionan para anticipar e interpretar las experiencias similares de una forma negativa.

Estas percepciones siguen a la gente tanto a las salas de juntas como a las empresas. Si alguien creció con padres que se quejaban de la «administración», de cuán mal los trataban o cómo no los escuchaban, las posibilidades dictan que las experiencias iniciales de esa persona con la administración sean negativas o desconfiadas también.

Vibras positivas

Al contrario, una experiencia buena tiende a crear una percepción y una actitud más positiva en la gente. También puede mantener a las personas más relajadas, menos a la defensiva e incluso más optimistas (a veces demasiado) sobre una situación. Esto puede ser bueno, pero también puede ser perjudicial, pues una experiencia previa buena no garantiza que haya una repetición de eso en el futuro.

Cuando se trata de las necesidades físicas y emocionales, escoja lo simple. Si no las tiene en cuenta antes de compartir su idea, de presentar su producto o de hacer una petición, nada sucederá. Recuerde, la secuencia lo es todo.

Tenga en mente que, en ausencia de un marco de referencia gracias a una experiencia personal con un tema, una persona o una idea, un individuo está abierto a ser influenciado por quien sea que le dé el marco más atractivo. Si jamás ha conocido a alguien de otra cultura, entonces sus padres, entrenadores, amigos e incluso los medios podrán influenciar cómo percibe a alguien por primera vez.

Lo mismo es cierto para las afiliaciones políticas, el debate de Android contra Apple y las preferencias religiosas. El objetivo es crear conciencia sobre este fenómeno, de modo que podamos aproximarnos a las situaciones más intencionalmente.

La disrupción crea nuevos marcos

Antes de que existieran Uber o Lyft, las personas no tenían ningún marco de referencia para el concepto de un viaje compartido. Antes de que existieran Netflix y otras plataformas de *streaming*, la idea extendida de ver cualquier película que quisiéramos, cuando lo quisiéramos, estaba más allá de las ideas de mucha gente. Antes de que existiera Airbnb, muy pocas personas le permitirían a un desconocido habitar en su residencia privada.

Ahora no pensamos dos veces en ninguna de estas cosas porque entendemos los conceptos. Tenemos marcos de referencia y, más importante aún, confiamos en los procesos.

Muchos clientes vienen a nosotros buscando una guía porque quieren crear y comunicar mensajes que a menudo son disruptivos y carecen de marcos de referencia. Entonces terminan sonando como todos los demás. No es fácil crear un nuevo camino y hacerlo con éxito puede requerir de una cantidad sustancial de tiempo y dinero.

Pero, si se logra, esa marca puede terminar definiendo ese espacio. Piense en los Kleenex (pañuelos) y en Xerox (fotocopias) o, más recientemente, en Airbnb, Uber, Netflix e incluso Google, que se ha convertido en un sustantivo y en un verbo.

La batalla de los marcos

Todos tienen un propósito, ya sea implícito o explícito. Los negocios tienen productos que vender. Cada uno de nosotros tiene proyectos por completar, estrategias por ejecutar y niños por criar. En un principio, es común que esos propósitos no estén alineados. Esa falta de alineación sale a la superficie cuando dos personas o negocios necesitan trabajar juntos, un consumidor debe escoger una marca o un votante debe elegir a un candidato.

La batalla por la atención, la influencia e incluso los recursos financieros es en realidad una cuestión de cuál marco se percibe como el más creíble, el más atractivo y el más valioso. Debido a que crear un marco implica una colección de conceptos, metáforas y referencias teóricas que nos ayudan a entender la realidad, la historia se convierte en una herramienta poderosa para controlar la narrativa. Pero hay muchas otras herramientas para crear un marco, incluyendo utilería, citas, bromas, estadísticas e incluso música. Hablaré de eso más adelante.

La batalla de los marcos puede tratarse sobre si algo es valioso, sobre si es una buena o mala idea, sobre si hay una solución o no o sobre cualquier cosa que involucre puntos de vista opuestos.

¿Qué marco ganará en una llamada de negocios? ¿Será el cliente el que dicte el marco o será el presentador? ¿La audiencia verá el marco del presentador como algo mediocre y cliché o aceptarán el marco como algo válido y valioso? Por eso es que a todos nos incumbe invertir tiempo y esfuerzo para afinar nuestras habilidades de crear marcos con la meta de lograr nuestro objetivo de influencia.

Consciente y subconsciente

Es imposible ser consciente de todos los marcos en los que nos apoyamos para entender el mundo que nos rodea. Muchos de estos marcos llenan subconscientemente los vacíos cuando nos quedamos sin explicaciones.

Nuestras percepciones de los partidos políticos, las diferentes etnicidades, el sexo opuesto, las nuevas tecnologías o los cambios de dirección estratégica se ven afectados por los marcos a través de los que los vemos. ¿Recuerda al vendedor de carros usados de antes? La imagen inicial que la mayoría de las personas se hicieron fue la de alguien molesto y deshonesto hasta que les di el contexto.

¿Qué marcos inconscientes activa su profesión? ¿Y qué pasa con sus ideas y su apariencia? En lugar de quedarse estancado con las nociones preconcebidas sobre los demás, quédese fascinado y curioso por la psicología y la realidad. Cuando dejamos de lado las respuestas emocionales o egocéntricas que están asociadas con un tema o cuestión específicos, podemos volvernos estratégicos sobre cómo nos aproximamos a nuestro mensaje y prevenimos posibles obstáculos.

Digo esto repetidamente porque es muy importante. Si no contextualizamos las cosas para nuestra audiencia, nuestra audiencia tendrá que crear su propio constructo para entender lo que se está diciendo. El marco que usted presenta atrae a la audiencia (capta su atención) y puede ayudarle a entender mejor el significado de lo que usted, el comunicador/influenciador, está intentando decir.

Intente hacer el siguiente ejercicio.

Aplique lo aprendido: establecer un marco

Piense en esta pregunta sencilla: ¿cuál es su color favorito? Considere estas dos respuestas diferentes:

- *Respuesta A: verde.*

- *Respuesta B: nací en Miami, Florida. Pasé los primeros 7 años de mi vida viviendo en Miami, en donde tengo recuerdos increíbles de las palmeras, las playas, la comida, la música y la cultura. Después de eso, dividí mi tiempo entre Miami y Minnesota hasta que tuve 16 años. Ninguno de esos lugares se sintió jamás como un hogar. Pero si estaba en una playa y veía las palmeras, sabía que estaba cerca de mis amigos, mi familia, mi comida y mi música, todas las cosas que me hacen de lo más feliz. Las palmeras son verdes, así que mi color favorito es el verde.*

Ahora piense acerca de las dos respuestas tan diferentes para una misma pregunta.

- *Respuesta A: es corta, concisa y va al punto. Se ciñe a lo que nos han enseñado a contestar. La respuesta no añade nada de valor y no crea ninguna conexión.*

- *Respuesta B: cuando la leyó, ¿cómo lo hizo sentir? Es probable que el contexto le haya generado una conexión. Si le gustan las palmeras, las playas, la música latina, la comida cubana, Miami, Minnesota o incluso si es de un hogar dividido, ha creado una conexión. Todo esto gracias a una pregunta muy simple: ¿cuál es su color favorito?*

- *Para destacar:* algunas veces comparto este ejemplo y una persona dice «¡Sólo responda con el color! No tengo tiempo para decir todo eso». Mi réplica a eso es: la segunda respuesta tomó unos segundos más que la primera. Y el propósito del ejercicio es desaprender un hábito viejo que consiste en responder sin contexto. Además, si estamos escuchando a varias personas decir cuál es su color favorito, la única respuesta que probablemente será recordada es la mía (verde). No es un mal retorno de la inversión por unos pocos segundos más de tiempo invertido en compartir. No lo olvide, ser recordado importa cuando se trata de referencias, marca personal y reseñas positivas.

Piense en el proceso de volver en el tiempo y añadir ese marco de referencia. Si usted no provee el marco, el oyente lo hará. Sea cual sea el tema, ese es el poder de determinar el marco. Algunos pensamientos más que puede considerar:

- Después de que le hagan una pregunta, piense en la respuesta en su cabeza (en este caso, dígase el color a usted mismo), pero NO la diga en voz alta.

- De nuevo, en silencio, pregúntese: «¿por qué escogí esta respuesta (color)?».

- Sea cual sea la historia que se le aparezca en la mente, compártala con detalles.

- Termine la historia con: «… y esa es la razón por la que (responda la pregunta. En este caso, 'mi color favorito es…')».

- No revele la respuesta directa (el color) en la historia. Mantenga un poco de suspenso hasta que revele la respuesta al final de la historia.

- *Use el* pathos *(emoción) en la historia y hable de los sentimientos que están relacionados con la pregunta/respuesta. Por ejemplo: «recuerdo sentir la sensación de...» o «me quedé pasmado por cómo me hizo sentir eso...».*

- *Use detalles. Los detalles enganchan a su audiencia y la ayudan a pintarse una imagen mental. Por ejemplo: «se podía oler la lavanda desde el momento en el que entraba a la casa de la abuela». O: «recuerdo cuando cargué por primera vez a mi hijo recién nacido y cuánto me sorprendí por lo pesado que era, ¡casi lo dejo caer!».*

Contextualice los datos

Soltar datos no es suficiente. Debe ayudar a la audiencia a entender los datos y el mensaje y por qué tienen valor para ellos. Como lo discutimos antes, tampoco responda una pregunta simple con el aquí y el ahora. Devuélvase en el tiempo y cree un contexto para que su audiencia lo entienda con claridad.

Su precio son datos. También lo es su tasa de interés o su propuesta de valor. Digamos que está en el negocio de los bancos y las finanzas y un cliente potencial le hace una pregunta: «¿cuál es la tasa de interés?». Si responde la pregunta diciendo únicamente la tasa, la conversación se acaba. El cliente potencial añade su propio marco de referencia, comparando su tasa con la de otros que ha averiguado. Quién sabe cómo se compara su tasa con la de otros bancos y compañías financieras.

En lugar de eso, aquí tiene un marco simple para responder esa pregunta. Este es uno que abre una puerta, no la cierra:

> *¿Me está preguntando por una tasa estipulada o por una tasa fija? Hay una gran diferencia. La tasa estipulada es lo que es la tasa hoy y básicamente puedo ofrecerle la misma tasa*

que todo el mundo. No hay muchos diferenciadores en esta industria cuando se trata de la tasa.

Las tasas cambian a diario y a menudo cada hora, así que, para cuando estemos definiendo su tasa, será diferente a la que es hoy. Quiero asegurarme de poder cumplir la promesa que le haga. Eso es lo que más me importa.

Como lo mencioné, una tasa fija es la que estará en su hipoteca y determina su pago. Para obtener esa tasa, necesitamos que responda unas preguntas, revisar su crédito y asegurarnos de escoger un programa de préstamo que encaje con sus metas financieras.

¿Puedo hacerle algunas preguntas?

Este marco o guion resalta el hecho de que hay mucho más que está involucrado en el proceso que tan sólo una tasa. También lo destaca a usted como un experto porque educó a su audiencia en el proceso. En otras palabras, está contextualizando el mensaje y ayudando a la audiencia a entender mejor los datos. Y no olvide que todo lo del guion es 100% verdadero. Un contexto adecuado debería ayudar a los clientes a entender mejor qué están comprando gracias a que les simplifica los conceptos complejos que están involucrados en el asunto.

Antes de responder a una pregunta o hablar de un tema, piense en lo siguiente:

- ¿Cuál es la pregunta que quiere contestar? ¿Cuál es la pregunta que está detrás de la pregunta original?

- ¿Su respuesta se remonta al pasado para tener un marco de referencia del porqué?

- ¿Es su respuesta memorable?

Lidie con el miedo a través de los marcos

Como lo discutimos antes, la secuencia de su presentación importa. Piense en términos de las tres P: predecir, prever y prevenir. A menudo la tendencia es que el presentador ignora el miedo de su audiencia. Eso es lo opuesto al método AMPLIFII™. Tan solo mencionar el mensaje fuerza al cliente potencial a llenar el marco, llevándolo potencialmente a decidir no trabajar con usted.

Antes de comunicar el mensaje, tenga en cuenta el miedo y prevea los riesgos antes de que aparezcan en pensamientos o discusiones. Se trata de crear seguridad para el oyente, de abrirle la mente al mensaje. Cambie el marco de lo negativo y analícelo más.

Por ejemplo, hablemos de lo que sucede cuando un nuevo gerente toma el control de un nuevo equipo. Lo más probable es que el equipo no conozca o no confíe aún en el nuevo gerente. Así que, en lugar de describir la visión y los cambios de inmediato (ambos son temas que pueden desencadenar mecanismos de defensa), el nuevo gerente debería empezar construyendo relaciones y confianza.

Quizás el gerente pueda hacerlo al compartir el viaje personal que lo llevó a tener esa posición:

> *Recuerdo la primera vez que entré a esta industria como un operador de primera línea. Estaba frustrado con mi gerente porque tenía muchas ideas sobre cómo podía mejorar el negocio, pero jamás me escuchaba.*

Este tipo de marco o de historia humaniza al gerente y crea una conexión gracias a una dificultad pasada que el equipo puede haber experimentado también o que está experimentando en ese momento. Demuestra empatía e inteligencia emocional. Con más detalles, la historia podría demostrar que el gerente entiende su posición sin tener que decir «entiendo su posición».

> ## ¡Mensaje importante!
>
> - *Todos los ejemplos de estas páginas asumen que las historias y marcos que usamos son verdaderos.*
> - *NO se invente o mienta sobre una historia o marco.*
>   - ▲ *Eso no es ético.*
>   - ▲ *Está mal.*
>   - ▲ *Destruye el* ethos *y la habilidad de ganarse la confianza de los demás.*

Cuando el momento es el correcto, esta clase de marco también presenta una buena oportunidad para introducir una nueva visión posible y basada en la experiencia pasada del gerente. Y se relaciona bien con su audiencia actual.

Los mejores comunicadores y líderes no ignoran los riesgos o la información negativa. Preparan a sus audiencias para ellos y lidian con eso de frente para poder superarlo. Las acciones preventivas son lo que les permite a los atletas enfrentarse a un juego. Estudian al equipo enemigo o la situación o rendimiento de un jugador. Descifran cómo se relaciona eso con ellos y cuál es el mejor curso de acción. Luego, el día del juego, ejecutan su plan. Ese tipo de preparación reduce la incertidumbre (una causa de estrés) y les permite tener su mejor rendimiento.

Los expertos hacen lo mismo. Cuando nos aproximamos a un mensaje sabiendo que puede causar temor o estrés en nuestra audiencia, podemos adelantarnos a la situación y hablarla antes de que la audiencia la mencione. El resultado es una mejor oportunidad para influir.

El marco que prevalece

Como lo mencioné, cada conversación, discusión, presentación, interacción y discurso es una batalla por la atención o el significado. Ese es el caso cuando está negociando por un precio mejor, participando en un panel, hablándole a un grupo, vendiendo un producto o sencillamente hablando con un amigo.

Todo se reduce a entender qué significado y qué marco de referencia prevalece.

El rol del *ethos*

Aquí es cuando el *ethos* entra en juego. Si tiene el título de «doctor» frente a su nombre, eso le da *ethos*, credibilidad y hace parte de su marca, afectando cómo lo ven, escuchan y perciben los demás. Lo mismo aplica para otros títulos como licenciado, sargento, capitán, presidente o representante. Si alguien sabe de usted gracias a un artículo que escribió, un discurso que dio o incluso por una mención de su nombre en un video o en línea, esos marcos contribuyen a solidificar su *ethos*.

Al contrario, si recientemente hablaron mal de usted en redes sociales o si se pasó de tragos en una reunión de la compañía, eso afecta su *ethos* y lo presenta en medio de un marco negativo. Sea como sea, los marcos lo persiguen. Cuando empezamos a estar cómodos con establecer un marco, empezamos a verlos en todas partes.

Establecer un marco en los medios

Uno de los lugares más impresionantes para contrastar y comparar los marcos es en los medios. Es fascinante ver cómo el mismo evento actual se presenta de una manera tan diferente en distintos medios de comunicación.

Hice un experimento social aleatorio y nada científico que básicamente comparó cómo dos organizaciones noticiosas diferentes (FOX y CNN) enmarcaban de una forma distinta una misma historia. Publiqué los dos artículos juntos sin comentarios, apuntes o expectativas y esperé.

Cuando los revisé de nuevo, las respuestas emocionales (desde el odio a las groserías) que generó la publicación fueron impresionantes. Generó ira y otras emociones de muchas clases de personas y me sirvió como un recordatorio del poder de los marcos. Contextualizar inapropiadamente algo puede desencadenar emociones que trabajan en nuestra contra. Pero cuando algo se contextualiza de forma apropiada, en realidad podemos desencadenar emociones que promuevan una idea, un mensaje o una relación.

En esta ocasión, los dos medios no nos dijeron qué pensar, pero enmarcaron el mensaje sobre qué pensar y crearon una conversación como resultado.

Su historia de origen

Una herramienta de contexto muy poderosa es su historia de origen. Responde a dos grandes preguntas: cómo llegó a donde está hoy y por qué ama atender a los clientes que atiende. Este es el marco que atrae a su audiencia, que crea credibilidad y que construye confianza. Sin embargo, no construye influencia. Eso viene después.

La historia de origen (el marco) crea el contexto para que usted entregue su propuesta de valor o mensaje central. Si se comunica efectivamente, el mensaje crea el escenario para la influencia.

Descubrir su historia de origen no siempre es fácil. La mayoría de las personas casi nunca reflexionan sobre cómo llegaron a donde están hoy en día o cuáles fueron los momentos decisivos de su vida que les moldearon sus valores. Allí es donde la autoconciencia puede ayudarlo. Los líderes conectan porque son conscientes de sus propias historias, saben de dónde vinieron y les prestaron atención a los detalles, incluyendo quiénes eran o no parte de esa historia. Así es como capta la atención de su audiencia en nuestro mundo ajetreado y ruidoso.

Cuando Janice escogió bien el marco la segunda vez, preparó un escenario, nos dio un fondo y creó una conexión o movimiento emocional con su audiencia, lo que le permitió comunicar un mensaje poderoso. Sin el marco, nos quedamos con un «¿a quién le importa?», un «¿y qué?» o, peor aún, con el contexto equivocado.

Lecciones poderosas

- Los marcos son constructos de realidad que proveen un contexto psicológico que nos ayuda a entender el mundo. El término más común es *marco de referencia.*

- La batalla por la atención, la influencia e incluso los recursos financieros es una cuestión de qué marco se percibe como el más creíble, el más atractivo y el más valioso. Debido a que el marco es una colección de conceptos, metáforas y referencias teóricas que nos ayudan a entender la realidad, las historias se convierten en herramientas poderosas para controlar la narrativa.

- Nuestras percepciones de los partidos políticos, las diferentes etnicidades, el sexo opuesto, las nuevas tecnologías o los cambios de dirección estratégicos se ven afectados por los marcos a través de los que los vemos.

- No es suficiente con soltar datos. Póngalos en contexto. Ayude a la audiencia a entender los datos y el mensaje y por qué son valiosos para ella.

- Los marcos de referencia están en todas partes.

- *No* se invente ni mienta sobre una historia o marco. Es antiético, está mal y destruye su *ethos* y su capacidad para generar confianza.

- Su historia de origen es un marco poderoso. Responde dos preguntas: cómo llegó a donde está hoy en día y por qué ama atender a los clientes que atiende.

CAPÍTULO 6

MARCOS EN ACCIÓN

"Un marco bien pensado y bien construido
es una ventaja estratégica".

—René Rodriguez

Durante siglos, las historias han probado ser una manera poderosa de comunicar un mensaje. Nos enfocamos en las historias de origen como una base fuerte para crear marcos. Pero hay muchos otros marcos y tipos de herramientas de contexto.

La utilería, las bromas, las citas, las estadísticas, los memes, las historias en tercera persona e incluso la música que escoge para un video o como fondo influye en la experiencia. La música de fondo en un restaurante caro y elegante generalmente es más suave y tranquilizadora que la de un casino o un bar, en donde es ruidosa y enérgica.

Asumamos que su producto es de primera categoría y, como resultado, más caro que el de la competencia. Usando las tres P (predecir, prever y prevenir), podemos predecir que el precio surgirá como una pregunta o una objeción en algún punto a menos que el vendedor «establezca el marco» y prevea o prevenga esa respuesta.

El objetivo de influencia es cambiar el marco y alejar la conversación del precio para que se enfoque en la calidad.

La historia de Alan Shepard

Hay un gran marco histórico que involucra una entrevista con el astronauta Alan Shepard, el primer estadounidense en ser enviado al espacio el 15 de mayo de 1961. Imagínese la emoción y la tensión del momento mientras todo el mundo lo veía. También imagínese el miedo de Shepard mientras literalmente estaba sentado en un pedazo enorme de metal que sería lanzado al espacio con una explosión masiva.

Precio *vs.* calidad

Con el mundo entero viéndolo, un reportero tuvo la oportunidad de preguntarle a Shepard qué se le estaba pasando por la mente antes de que entrara a la cápsula espacial Mercury.

Estaba a punto de ser el primer estadounidense en ser lanzado al espacio y el mundo quería saberlo.

La respuesta de Shepard fue un argumento clásico sobre la calidad. (Es cierto que existe algo de confusión sobre cuál de los primeros astronautas de verdad dijo las palabras, pero el contexto queda claro).

> *Es un sentimiento aterrador el darse cuenta de que... el factor de seguridad de uno quedó determinado por el que puso el precio más bajo en un contrato gubernamental[1].*

La respuesta de Shepard fue poderosa porque era un punto de vista hacia el antiguo argumento del pensamiento a corto plazo *versus* el pensamiento a largo plazo. Yo me refiero a ello como la mentalidad (o marco) del «momento de compra» *versus* la mentalidad (o marco) del «tiempo de rendimiento». En ese importante momento de la historia, en lo único que podía pensar Shepard era que cada parte del cohete que lo propulsaría hasta el espacio había sido construido por el de la oferta más barata.

Cambio del costo a la calidad

La afirmación del astronauta también fue un cambio de marco: de una emoción y gloria monumentales a una preocupación muy real sobre la calidad.

Este cambio de la categoría del marco sirve como una manera poderosa de influenciar las acciones de alguien. Cuando una categoría del marco se percibe como menos deseable que otra, a menudo le sirve como un ímpetu a las personas para comprar la alternativa. En el caso de Shepard, fue un cambio del marco del menor precio a la absoluta necesidad por tener mejor calidad.

Aplicación en los negocios

Las etapas finales de compra de productos por parte de un cliente involucran dos categorías. La primera es el momento de compra, cuando el cliente piensa sobre la importancia del costo más bajo y de ahorrar dinero. Es algo momentáneo y pasa muy rápido.

La segunda categoría se conoce como tiempo de rendimiento y dura más. Ubicado encima del cohete Redstone, a bordo de la cápsula Freedom, el astronauta Shepard no estaba pensando que el precio más bajo era bueno. Estaba preocupado por la calidad y el rendimiento[2].

Nuestro trabajo como profesionales de ventas, comunicadores y líderes es ayudar a las personas a que vayan más allá de ese pensamiento a corto plazo del momento de compra y adopten una visión más amplia. La mayoría de las soluciones que la gente ofrece requieren de una mentalidad del «tiempo de rendimiento» para comprender la propuesta de valor.

En las ventas de finca raíz, por ejemplo, un agente nuevo cobra típicamente la misma comisión que un profesional de muchos años. Eso parece ilógico por completo porque el profesional con más años debería ser capaz de ofrecer más valor, ¿verdad? Sí, pero sólo si el profesional con más experiencia puede comunicar el valor incremental. Un conferencista que negocia una tarifa se enfrenta al reto similar de negociar el valor y no una oferta bajísima.

En ambas situaciones, un cambio de categoría del marco puede influenciar el resultado. La historia le ayuda a la audiencia a alejarse del momento de la compra (pensamiento a corto plazo) y a ver el panorama completo que se enfoca en la calidad y el rendimiento.

Clientes estableciendo marcos

Los clientes tratan de establecer o reestablecer un marco para los profesionales de ventas todo el tiempo. El intento de restablecimiento usualmente se da como respuestas lentas a los mensajes (indicando una falta de interés) o comentarios de que alguien más puede hacer lo mismo más barato, más rápido o más fácilmente. El profesional de ventas debe ser capaz de identificar cuándo pasa esto para evitar el abismo de las reducciones de precios, los descuentos y las concesiones.

Un marco bien pensado y bien construido es estratégico en el mercado y puede ser bastante rentable a la larga. En esta batalla de cuál marco ganará, un profesional de ventas debería ser capaz de entender el punto de vista de su cliente potencial. Pero el profesional también debe creer firmemente en su valor y ser capaz de comunicarlo con convicción a través de metáforas, historias, utilería y ejemplos. Así es como se gana la batalla de los marcos.

Marcos históricos

La historia del astronauta es una gran manera de contextualizar un punto. Es una historia crítica y poderosa que evoca emoción, patriotismo y lo inesperado. Por eso explorar y entender la historia puede hacer que los relatos sean más emocionantes, interesantes y evocadores.

Los marcos históricos no solo se refieren a años que pasaron hace mucho. Volvamos al cliente que está considerando comprar finca raíz y que está preguntando por las tasas de interés. Crear un marco histórico puede ser una forma sólida de crear un escenario y mencionar lo negativo mientras al mismo tiempo se establece su *pathos*. La secuenciación también es importante aquí. La conversación con el hipotecante potencial puede empezar de una manera parecida a esta:

> *Estoy muy emocionado por que podamos trabajar juntos. Sé que tiene muchas opciones sobre con quién podría trabajar y para nosotros significa mucho que esté aquí.*
>
> *Antes de empezar, sé que hay mucha confusión en el mercado ahora mismo y, para algunas personas, algo de*

miedo. Los medios se están regodeando con la desinformación y es una locura ver cuánta gente cae en ello.

Desafortunadamente, los medios no son una organización de servicios para el público, así que analicemos esto con más profundidad.

Muchas personas están ganando dinero con la finca raíz ahora mismo. Hay grandes oportunidades para comprar finca raíz si se hace apropiadamente y si usted cuenta con las herramientas y la información correctas.

Permítame mostrarle cómo podría verse su futuro financiero en cinco o diez años si decide comprar esta casa...

Construyendo su marco

De nuevo, piense en términos de las tres P (predecir, prever y prevenir) cuando esté construyendo su marco. Sólo comunicar el mensaje hace que el cliente potencial llene el marco basándose en sus propias experiencias pasadas. Y no tenemos ni idea de si esas experiencias son positivas o negativas. En vez de eso, tenemos que darle un marco para evitar cualquier respuesta emocional negativa que pueda desencadenarse por un marco potencialmente negativo.

En la conversación de arriba con el comprador potencial de la casa, el influenciador predijo el miedo que sentía por el mercado, luego lo previó y lo previno con un marco de la historia y los medios y reveló estadísticas que demostraron que la compra de finca raíz, cuando se hace bien, puede ser muy rentable. Un verdadero profesional cerraría el trato con *logos* (lógica), mostrándole gráficas y estadísticas para crear seguridad psicológica (estructura, orden y predictibilidad).

El representante de ventas usó palabras clave, frases y conceptos para enganchar más al oyente y promover una conexión. Conceptos como compartir un secreto, enumerar un montón de buenas oportunidades, resaltar los beneficios para el cliente y su familia, el cómo y el porqué son todos importantes. El representante literalmente construyó una conexión compartida con sus palabras (su marco) y cómo dio el mensaje. A medida que hablaba, se apoyó en su audiencia.

Es importante recordar que, en este escenario y con la mayoría de los consumidores, puede usar palabras como «oportunidad» y «secreto». Pero cuando está lidiando con un inversor experimentado o un comprador más sofisticado, como alguien de un departamento de compras corporativas, palabras con cualquier conexión remota con estrategias para hacerse rico rápido no lo ayudarán en lo más mínimo. Esta es una lección en *kairos*: necesita conocer a su audiencia y su mundo.

Practique el juego de los marcos

Los marcos están en todas partes. Como con todo, cuanto más practique la creación de marcos (reales o imaginarios), mejor se volverá al compartir historias con el máximo impacto posible. Una gran manera de hacer esto es con el juego de los marcos. Es un juego en el que cualquiera puede participar en cualquier momento y lugar. Sólo se necesitan tres objetos aleatorios y un poco de creatividad.

No piense demasiado ni se estrese por el juego. Este ejercicio está diseñado para ayudarle a su sistema de activación reticular a ver posibles marcos en el día a día. Es mejor hacer esto en una reunión de equipo, en donde la audiencia está comprometida con el aprendizaje. También puede hacerlo solo, pero para obtener mejores resultados será mejor que cuente al menos con otra persona.

El juego de los marcos ya es típico de los eventos de entrenamiento AMPLIFII™. Entonces, empecemos.

Disfrute

Paso 1: escoja tres objetos aleatorios. Cualquier cosa está bien: algo del escritorio, de la repisa, de la cocina… en realidad no importa. O, como me gusta hacerlo a mí, pídales a sus hijos que escojan los objetos. Estos serán su **marco**.

Paso 2: escoja tres eventos históricos aleatorios y escriba cada uno en una tarjeta. Este será su **mensaje**.

Paso 3: escoja tres lecciones o temas de interés y escriba cada uno en una tarjeta. Ideas: liderazgo, por qué debería proyectar todos los días, la importancia de lavarse los dientes o por qué alguien debería comprar su producto o trabajar para su compañía. Este será su **argumento de cierre**.

El reto

Ahora debería tener tres grupos frente a usted: uno de utilería, otro de eventos y otro de lecciones. Ahora escoja uno de los objetos, una de las tarjetas con un evento histórico y una de las tarjetas con una lección. ¿Ya empieza a darse cuenta de cuál será su tarea? Es hora de crear un marco.

Su trabajo es dar un pequeño discurso de uno o dos minutos usando las tres categorías. El objeto se vuelve el marco que se transforma en el evento histórico, el cual también se convierte en el argumento de cierre o lección. Marco, mensaje, argumento de cierre: la fórmula AMPLIFII™.

No piense demasiado el proceso para usar las tres cosas. Su tarea es crear una historia viable y completa que tenga sentido. Más importante aún, diviértase con el proceso. Si es posible, grabe la sesión. Es una gran herramienta de retroalimentación para su mejora continua.

La utilería

Mis hijos me trajeron tres objetos aleatorios: un cubo de Rubik, una calculadora gráfica y un pequeño auto de carreras de plástico.

Para refrescarle la memoria, un cubo de Rubik es un rompecabezas de seis lados y tridimensional. Cada uno de los lados coloridos tiene nueve pegatinas o cuadrados que pueden girarse manualmente. El objetivo del rompecabezas es girar todos los lados para que todas las caras terminen teniendo colores uniformes.

Otro recordatorio para quienes salimos de la escuela o la universidad hace mucho tiempo: una calculadora gráfica es un aparato complejo de baterías, con filas de botones y la habilidad de hacer muchísimos cálculos diferentes.

Mis hijos también escribieron en las tarjetas tres temas de los que les gustaría saber más: mantenerse saludables, liderazgo y honestidad.

Y escribieron tres eventos históricos: el discurso *Yo tengo un sueño* de Martin Luther King, el envío de ciudadanos privados al espacio por parte de SpaceX y la cuarentena por el COVID-19.

Es una mezcla muy interesante de objetos e ideas. Pero es manejable. Después de todo, este no es un juego arreglado. Es espontáneo y no tiene respuestas correctas o incorrectas. Tampoco existe un mensaje perfecto, así que sólo escoja el primero que se le ocurra. Recuerde, el juego se trata de aprender cómo pensar rápida y fácilmente, cómo improvisar si es necesario y cómo comunicar un mensaje convincente.

Ejemplo 1: cubo de Rubik, lanzamiento de SpaceX, mantenerse saludable

Marco: cubo de Rubik.

Evento: lanzamiento de SpaceX.

Argumento de cierre: mantenerse saludable.

Recuerdo cuando vi mi primer cubo de Rubik cuando era un niño. Desde un punto de vista visual, adoré todos los colores brillantes que tenía. Y desde un punto de vista del rompecabezas, siempre me fascinó intentar descifrar la estrategia para poder poner todos los colores en el lado correspondiente.

Más allá de eso, siempre me intrigó saber cómo funcionaba todo dentro del cubo y cómo los mecanismos nos permitían seguir girando los pequeños cuadrados. Una vez destrocé todo el cubo para poder estudiarlo por dentro.

De verdad disfrutaba agarrar el cubo de Rubik (algo aparentemente imposible de descifrar) y encontrar su solución.

(Transición).

También me gusta hacer lo mismo en la vida. Me recuerda lo que acaba de pasar con el primer envío de pasajeros privados por parte de SpaceX.

Un ciudadano privado, Elon Musk, aceptó el reto aparentemente imposible de descifrar cómo desarrollar y construir facilidades para enviar ciudadanos al espacio. Y ahora no solo hemos visto a Elon Musk y su SpaceX, sino también a Jeff Bezos de Amazon con su Blue Origin, ir al espacio. Todo sin ayuda o intervención gubernamental. A menudo pienso en las complejidades de hacer que todo eso pasara.

(Transición para el argumento de cierre).

Más cerca de casa, sé que muchos de nosotros estamos teniendo dificultades para mantenernos saludables, especialmente con el COVID-19 siendo una parte de nuestras vidas durante los últimos meses. Mantenerse saludable a veces puede parecer una meta tan imposible como enviar a ciudadanos al espacio o resolver un cubo de Rubik. Pero existe una estrategia. Sólo tenemos que reconocerla, estudiarla, practicarla y hacer que suceda.

Cuando vemos a alguien como Elon Musk o Jeff Bezos lograr lo imposible, se vuelve algo más fácil darnos cuenta de que podemos lograr metas que parecen inalcanzables. La salud es una de ellas.

¿Le suena un poco rebuscado? Quizás sí, quizás no. Después de todo, este es un juego para ayudarlo a ser más creativo y para entrenar a su cerebro a que empiece a ver conexiones entre objetos que su audiencia ya entienda. Luego, como un narrador, puede aprovecharse de esas conexiones para que su mensaje sea más fácil de digerir.

Escoger objetos e ideas aleatorios y convertirlos en un marco, un mensaje y un argumento de cierre es una de las habilidades de la improvisación. Es la aplicación en los negocios de lo que se conoce como «pensar rápido». Todos nos enfrentamos a imprevistos y nuestra habilidad para mantener la calma y recontextualizar las situaciones usando los recursos que tenemos a la mano puede ser vital. La buena noticia es que esta es una habilidad que se puede aprender.

Vea el marco y el mensaje de más arriba. El marco es el cubo, el mensaje es el lanzamiento de SpaceX y el argumento de cierre es mantenernos saludables. Con el marco y el mensaje su audiencia no sabe a dónde está yendo hasta que llega el argumento de cierre. De esa manera no se adelantan y no complementan nada con sus propios marcos y conclusiones. Así es como se mantienen abiertos a su mensaje y su argumento de cierre.

Dominar las transiciones

Para unir este rompecabezas de tres piezas de cosas que aparentemente no tienen relación alguna entre ellas, vamos de atrás hacia adelante. Vea cuál es el argumento de cierre: mantenerse saludable. Luego pregúntese cómo puede relacionar eso, en forma de historia, con el lanzamiento de SpaceX y el cubo de Rubik. ¿Cuáles son los denominadores comunes?

El proceso se llama transición y es una habilidad importante que hay que aprender. Cuando aprendemos cómo hacer bien una transición, nuestras charlas se sentirán elocuentes y bien hiladas. Las buenas transiciones también crean confianza porque nuestra audiencia siente que hemos hecho la tarea. Así mismo, nuestro *ethos* crece porque literalmente estamos customizando nuestro mensaje para la audiencia en tiempo real. Recuerde, la customización es un influenciador muy poderoso.

Si sé que mi historia debe acabar con el objetivo de tener buena salud (el argumento de cierre), mi proceso mental empieza con: ¿cuál es la primera cosa que se me viene a la cabeza cuando pienso en un cubo de Rubik? Es un rompecabezas complejo que parece imposible de resolver. ¿No es eso lo que todos asumíamos con los viajes privados al espacio? Nadie podría desarrollar, y mucho menos permitirse, esa tecnología tan compleja.

Una vez que ha establecido esa conexión, entonces, como narrador de historias, usted construye el puente y demuestra la conexión con el cierre.

¿Está empezando a entender cómo crear marcos? Intente inventarse otra historia que involucre los mismos elementos de este reto.

Ejemplo 2: calculadora gráfica, confinamientos por el COVID-19 y liderazgo

Marco: calculadora gráfica.

Evento: confinamientos por el COVID-19.

Cierre: liderazgo.

Recuerde, no se trata de tener la mejor historia. Es la primera historia la que funciona, la que engancha a la audiencia y la que transmite el mensaje.

Algunas aproximaciones a este reto:

- ¿Cuál es el cierre? El liderazgo.

- ¿Cuáles son los denominadores comunes de estos tres elementos? Quizás las restricciones y el miedo que causa un problema complejo como el confinamiento o el liderazgo.

- De nuevo, empecemos esta historia al establecer el marco en el pasado.

El marco: *cuando era un niño en Minnesota, recuerdo que todos los chicos inteligentes de la escuela caminaban por allí con unas calculadoras enormes y complejas. Yo nunca tuve una porque no estaba en ninguna clase en la que fuera necesaria. La verdad es que no era lo suficientemente inteligente como para estar en esas clases.*

Sin embargo, un amigo tenía una y recuerdo que la miré y me quedé muy confundido y avergonzado porque no sabía cómo usarla. Tenía miedo de que mi amigo pensara que no era lo suficientemente inteligente como para estar en esas clases si se daba cuenta.

El evento: *mi experiencia sintiéndome abrumado con la calculadora y el miedo que me causó, me recuerda a los problemas que han causado las complejidades de los confinamientos por el COVID-19 que todos hemos experimentado de vez en cuando en los últimos meses... o años ya.*

Nos encontramos teniendo dificultades para entender el sentido de todo, de los mensajes positivos y negativos. Hay gente creyendo en una cosa en un lado y gente diciendo lo opuesto en el otro. No hay manera de evitarlo, es un momento complejo, especialmente por sus efectos sobre los mercados, las viviendas, la educación, nuestra estabilidad emocional y más.

La lección: *en este momento es cuando, más que nunca, necesitamos liderazgo para dar un paso adelante, guiarnos y ayudarnos a concentrarnos en lo que necesitamos hacer para salir de este momento de estancamiento producido por la pandemia. Necesitamos líderes que nos lleven hacia adelante y paso a paso para que podemos reconstruir todo. Eso aplica a reconstruir nuestras vidas, nuestras relaciones o nuestros negocios.*

Esa es la historia: el marco, el mensaje y el cierre. Empezamos con tres cosas que aparentemente no tenían relación. Pero cuando las unimos con transiciones claras, suenan fuertes y coherentes, en lugar de aleatorias.

Ejemplo 3: auto de carreras, discurso de Martin Luther King Jr., honestidad

¿Ve alguna similitud entre estas tres cosas? Antes de seguir leyendo, intente construir su propio marco, mensaje y cierre con los tres conceptos. Luego compare su historia con la mía.

Construir el marco no es muy difícil. De hecho, puede ser divertido y retador. También es satisfactorio saber que uno puede hacerlo. Y cuanto más practique para encontrar similitudes y transmitir mensajes a partir de cosas aparentemente sin conexión, mejor se volverá en comunicar mensajes en la vida real. Se lo prometo.

El marco y el proceso mental

El pequeño auto de carreras me recuerda a una película que vi hace poco: Contra lo imposible. *Es la historia de cómo el diseñador automotriz estadounidense Carroll Shelby y el conductor de carros de carreras Ken Miles, contra todo pronóstico, construyeron un nuevo carro revolucionario para Ford. Y luego habla de cómo retaron a Enzo Ferrari en las 24 Horas de Le Mans.*

El legado de Shelby y sus motores sigue siendo un modelo fuerte hoy en día. A pesar de la terrible oposición, Shelby defendió lo que sabía que era lo correcto y que funcionaría y triunfó.

Las historias de personas enfrentándose a la oposición siempre parecen inspirarnos, tal como lo hizo el líder de derechos civiles Martin Luther King Jr., que no tenía miedo de ir contra el sistema, de defender aquello en lo que creía y de esforzarse por crear cambios. Uno de sus discursos más famosos, *Yo tengo un sueño*, es hoy en día un testamento de aquello en lo que creía.

Las luchas de King y Shelby por la verdad y por lo que creían son símbolos de la importancia de defender lo que creemos (la honestidad y la verdad) sin importar qué obstáculos o retos se presenten.

Es su turno

Ahora es su turno para jugar el juego de los marcos. Deambule por sus alrededores y encuentre tres objetos diferentes y que no tengan conexiones. Luego tome cada objeto y cree una historia que tenga que ver con una de las tres lecciones y uno de los tres eventos históricos.

O, si se siente particularmente empoderado, cree sus propios eventos y lecciones y cree sus historias a partir de ellos. Ese es el poder positivo de crear marcos cuando está entrenado para ver marcos en todas partes. Gracias, sistema de activación reticular.

Lecciones poderosas

- La utilería, las bromas, las citas, las estadísticas, los memes, las historias en tercera persona e incluso la música influencian la experiencia de la audiencia.

- Un cambio de categoría del marco puede ayudar a una audiencia a alejarse del momento de compra (la mentalidad a corto plazo) e ir hacia el gran panorama que se enfoca en la calidad y el rendimiento.

- Cuando esté construyendo un marco, piense en términos de las tres P: predecir, prever y prevenir. Cuando alguien sólo comunica un mensaje, eso hace que el cliente potencial llene el marco según sus experiencias pasadas.

- El juego del marco puede ayudarlo a volverse mejor en pensar rápido, algo que le paga dividendos en los negocios.

CAPÍTULO 7

MENSAJES, CONCEPTOS Y PROPUESTAS DE VALOR

"No hay víctimas en la buena comunicación".

—René Rodriguez

Cuando las personas piensan en comunicarse, a menudo se refieren a que quieren entregar un mensaje. Nosotros, como comunicadores y líderes, hacemos de todo: desde pensar demasiado en cómo transmitir un mensaje a no pensar lo suficiente en ello.

¿Recuerda cuando Janice, en su entrevista de prueba, habló sobre su momento de más orgullo? Al principio no estableció un marco. Como resultado, su mensaje se perdió, así como cualquier valor que le pudiera añadir a la organización. Cuando añadió un marco y un cierre, conectó los puntos para el entrevistador y comunicó con claridad su mensaje: que puede sobreponerse a obstáculos que parecen imposibles en la vida. Ese era el mensaje que ella quería transmitirle a su audiencia.

Y, con la añadidura de su cierre, aprendimos que haría lo mismo en los negocios. El cierre se asegura de que el mensaje y la lección se escuchen con claridad y de una manera que signifique algo para la audiencia. Hablaré más de eso luego.

¿Cuál es su mensaje?

La mayoría de las personas no piensan mucho en el mensaje que están intentando comunicar. Sólo hablan, asumiendo que la audiencia lo descifrará. Sienten que ellos entienden su mensaje. Tienen un sentido intuitivo de lo que quieren, pero articularlo no es tan fácil.

Por eso los redactores son un recurso tan valioso. Tienen la habilidad de escuchar entre líneas y encontrar las necesidades ocultas, esos objetivos implícitos que, si no se articulan, crean decepciones inevitables.

Un buen mensaje es lo suficientemente claro como para que el oyente entienda qué acciones se esperan de él. El objetivo es eliminar tanto como sea posible la necesidad de hacer suposiciones. Como se dice usualmente en mi profesión: «no asuma nada, comuníquelo todo». Esta es una buena aproximación cuando se trata de crear un mensaje.

Diferentes tipos de mensajes

Existen toda clase de mensajes. La fórmula AMPLIFII™ facilita la habilidad de comunicar mensajes difíciles que los mecanismos de defensa de nuestros cerebros pueden bloquear o que el oyente pueda malentender por falta del marco correcto.

Considere algunos posibles mensajes que quizás necesiten ser comunicados:

- Propuestas de valor.

- Conceptos.

- Mensajes clave.

- Misión.

- Diferenciadores.

- Su propósito (su porqué).

- Ideas innovadoras.

- Puntos de acción.

- Cambios necesarios.

- Expectativas.

- Desacuerdos.

- Verdades difíciles.

- Sentimientos.

- Respuestas a preguntas fáciles o difíciles.

Algunos de estos mensajes se aceptan más fácilmente que otros. Pero todos ellos tienen el riesgo de malentenderse y eso puede costarle tiempo, energía, relaciones y dinero. Sin embargo, el marco en el que se presenten determinará cómo se reciben. En esencia, a menudo el mensaje ayuda a determinar cuál es el mejor marco.

Mensajes clave

Los mensajes clave son los puntos principales de información que alguien quiere que su audiencia escuche, entienda y recuerde. Son los resúmenes consumibles que comunican lo que hace, por qué lo hace, cómo es diferente y qué valor añadido trae a la mezcla. Los mensajes clave aclaran el significado y hacen que sea fácil recordar lo que usted dijo porque era simple.

Desde una perspectiva organizacional, los mensajes clave son el centro de la creación de marca y del mercadeo y deberían estar representados en todas las comunicaciones. Cuando las personas son claras con los mensajes clave, lo que se dice puede cambiar, pero el mensaje clave no lo hace.

Los mensajes clave permiten la expresión personal y la creatividad en la manera en la que se transmiten, lo cual promueve una comunicación auténtica. Otros aspectos valiosos incluyen la habilidad de priorizar esfuerzos estratégicos y definir públicos objetivo. Eso asegura la consistencia y la precisión, que son importantes, especialmente cuando está involucrado el cumplimiento de reglas y regulaciones. Cuando se lidia con los medios, permiten que haya un mensaje coherente y consistente en medio de cuestionamientos difíciles.

Tips para crear mensajes efectivos

- Divida los mensajes por tema.
  - ▲ Una meta pueden ser tres o cinco mensajes por área seleccionada. De esa manera los mensajes son fáciles de recordar y los equipos de diseño o redes sociales pueden comunicar fácilmente el mensaje.

- Enfóquese en el valor.
  - ▲ El mensaje debería ilustrarle el valor diferencial al cliente potencial. Cuanto más enfocado y más dirigido esté el mensaje, mejor. Los mensajes de nicho tienen más impacto y mejores tasas de conversión.

- Enfóquese en la acción.
  - ▲ El mensaje debería impulsar a la audiencia a actuar, así que presente con claridad los pasos a seguir. Cualquier cosa que sea compleja crea fricción y la fricción mata la conversión.

- Manténgalo simple.
  - ▲ No obligue a la audiencia a pensar de más. El valor debería ser aparente y memorable de inmediato. Si una audiencia tiene que calcular o derivar el valor, entonces reconfigure el mensaje hasta que sea inmediatamente obvio. Esto no es tan fácil como suena, pero vale la pena.

- Ajuste el mensaje.
  - ▲ Cuando sea posible, ajuste el mensaje para que se adapte a las necesidades específicas de un cliente. Cada que podamos customizarlo para un cliente, lo haremos. En el mundo ruidoso de hoy en día, la customización sirve muchísimo.

¿Qué hace que un mensaje sea bueno?

No todos los mensajes se crean de la misma manera. En un mundo en el que estamos bombardeados constantemente por cosas que quieren nuestra atención, es necesario que mejoremos esta habilidad ancestral.

Muchos mensajes carecen de claridad, estructura y propósito. Fracasan al informar y llenar los vacíos de conocimiento que necesitamos. Además, a menudo se transmiten de formas que no son óptimas.

Los mensajes deberían persuadir

Los mensajes efectivos proveen la información necesaria para persuadir mientras permiten que haya colaboración con la audiencia objetivo. Si se hace correctamente, el mensaje se ajusta a las necesidades y aptitudes específicas de la audiencia, enfocándose en lo que es más importante y valioso para ella.

Escoja el canal adecuado

Un error común es tener un gran mensaje, pero transmitirlo por el canal incorrecto: enviar un correo durante una discusión acalorada cuando debería hacer una llamada telefónica o dejar un mensaje de voz que quizás no se escuchará jamás en lugar de enviar un mensaje de texto que podría ser leído en minutos. Uno de nuestros clientes hizo un borrador de un comunicado para todo el piso de manufactura en el que detallaba los nuevos procedimientos de seguridad. El reto era que el 80% de los operadores no hablaban inglés y no sabían leer.

Un video puede ser poderoso bajo las circunstancias adecuadas, como desearle un feliz cumpleaños a alguien. Sin embargo, si estuviera presentando una propuesta de alto nivel que detalla cuán especial es un cliente para usted, un video podría enviar el mensaje equivocado. Aparecer en persona sería una mejor alternativa. Escoger el canal correcto de comunicación es crucial para el éxito de un mensaje.

Sea preciso y diligente

Estaba trabajando con un presidente que era conocido por responder a correos electrónicos con clichés cortos, vagos y que no llamaban a la acción, como «siga rockeando», «¡es el mejor!», «¡boom!». Su respuesta favorita era: «¡la sacó del estadio!».

A pesar de lo frustrantes que eran sus respuestas, su intención era motivar y halagar. Desafortunadamente, lo percibían como alguien perezoso en su comunicación, frustraba a la gente y creaba confusión, estancamiento e incertidumbre. Cuando su gente necesitaba una respuesta, saber qué seguía o conocer sus expectativas, recibían una de esas contestaciones, lo que causaba más llamadas, más intentos de aclarar correos y posiblemente una mala toma de decisiones e insatisfacción con el trabajo. Todo el mundo pierde cuando la comunicación es mala y perezosa.

El correo perfecto

Después de discutir con mi cliente los efectos que estaba teniendo en su equipo debido a sus respuestas de correos perezosas e inefectivas, compartí con él «el correo perfecto», un documento que mantengo en mi celular. Me lo envió quien en algún entonces fue la jefa de ventas de una compañía de alimentos multimillonaria y tenía que ver con un discurso que planeaba darle a su equipo.

El correo es perfecto porque respondió a *todo* lo que yo necesitaba saber para el evento. El *quién, qué, dónde, cuándo* y *por qué*. La autora presenta toda la información logística, los objetivos, las metas de la compañía, la historia, las oportunidades y los pasos a seguir. Lo invito a que lo lea y se quede con este modelo. Mire.

El correo perfecto

René, espero que le esté yendo bien este verano. Quería volver a hablar con usted sobre trabajar potencialmente con el equipo ACME en nuestra próxima convención nacional de ventas.

Cuándo: miércoles 16 de octubre o jueves 17 de octubre.

Dónde: Radisson Blu.

Hora: la tarde del 16 de octubre o cualquier hora del 17 de octubre.

Contexto: el equipo de ventas de ACME se reúne cada dos años para su encuentro nacional de ventas. Este año sucede nuestra convención nacional de ventas.

Objetivos:

- Celebrar el año fiscal 2013.
- Alinear el año fiscal 2014.
- Revisar los resultados del año para el 2014.
- Establecer contactos.
- Seguir aprendiendo.

Principios:

- Ambiente de una reunión de ventas.
- El cliente es nuestro pilar.
- Mantener los mensajes simples.
- Ser cuidadosos con los costos.

Así pues, vamos a invertir un tiempo y dinero considerables en crear habilidades de venta pura este año a través de un programa corporativo de ventas efectivas. Por eso estoy convencida de que esta es una inversión sabia para desarrollar habilidades de venta fundamentales.

Oportunidad:

Cuando busco oportunidades adicionales para construir habilidades para los equipos de ventas y los técnicos, creo que este equipo puede mejorar en los fundamentos de las presentaciones a los clientes.

Dicho esto, me gustaría discutir las siguientes posibilidades:

- Octubre 16 (p. m.). Dos sesiones de dos horas cada una.
- Octubre 17 (a. m. o p. m.). Dos sesiones de una hora y media cada una.
- Público: aproximadamente 25 personas en cada sesión.

Pasos a seguir:

Por favor, dígame:

1. Si está disponible y, si lo está, qué día y franja horaria (a. m. o p. m.) preferiría.
2. Si está interesado en guiar esta clase de taller para construir habilidades.
3. El precio estimado por estos servicios.
4. Dado el caso, cómo le gustaría proceder.

Si quiere coordinar una reunión para hablar de esto, dígamelo, por favor. Puede agendar una reunión directamente conmigo o con mi asistente XXXX (555-555-1212).

Espero su respuesta.

Gracias,

Sally, la mejor redactora de correos de la historia.

Sé que este correo de ejemplo parece muy largo de leer o incluso de escribir, pero imagínese cuántas llamadas telefónicas, correos y tiempo nos ahorró. La ejecutiva lo escribió una vez y terminó con ello. Toda la información se necesitaría sin importar qué, así que en realidad no le tomó más tiempo del usual. Lo que hizo fue poner toda la información en un lugar para que la gente pudiera encontrarla.

Aplique lo aprendido

Use una historia para comunicar un mensaje. No use el tiempo de alguien más para contarle una historia.

Janice no desperdició el tiempo de su audiencia con una historia. Su historia fue perfectamente relevante y transmitió un mensaje con un propósito claro. Un reto de contar historias es reconocer que la historia no es el fin último. Es un medio o un vehículo de transmisión para el mensaje. Imagínese que hay un precipicio entre usted y su audiencia y que necesitan un puente. Un buen marco de la historia crea un puente para que usted haga que el mensaje pase por allí.

Viéndolo más de cerca

Para el propósito de la fórmula AMPLIFII™, el mensaje es una comunicación verbal, escrita o grabada que un oyente necesita escuchar y entender desde el punto de vista único del presentador. Lo esencial aquí es lo del *punto de vista único*. Cada uno de nosotros vemos las misiones, propuestas de valor, sentimientos y más desde nuestras propias perspectivas. Para tener influencia, no debemos hacer que los demás vean las cosas desde nuestra perspectiva, sino también entender por completo sus perspectivas. A menudo terminamos ofreciendo nuestra perspectiva primero y eso requiere de una madurez e inteligencia emocional considerables.

Los mensajes transmitidos sin un marco se arriesgan a ser malinterpretados porque serán escuchados a través de la perspectiva del oyente. Recordemos la analogía de plantar semillas en el cemento.

La semilla es su mensaje precioso que, si se planta incorrectamente, no echará raíces y se morirá.

Veo a muchos líderes con ideas brillantes esperando en silencio a que los llamen en reuniones, mientras veo cómo las ideas mediocres de una persona asertiva que las presenta con confianza y autoridad ganan apoyo.

Eso es trágico ya que la organización se pierde del valor porque los líderes no invitan ni crean un espacio seguro para que la gente hable. También es trágico porque alguien que podría haber hecho una contribución valiosa para el futuro de la organización no lo hizo. En su lugar, se quedaron refugiados en lo familiar.

> ## Plantando una semilla/idea
>
> *Marco: labrar la tierra.*
>
> *Mensaje: plantar la semilla.*
>
> *Cierre: echarle agua y cuidar la semilla.*

El costo de transmitir mal los mensajes

Con cada mensaje, incluyendo todos los de más arriba, un presentador corre el riesgo de que no lo escucharán o no lo entenderán. La consecuencia de eso depende de qué está en juego.

Con los mensajes personales, si alguien en una relación no puede comunicar sus sentimientos, corren el riesgo de crear resentimiento en la otra persona. O, si se comunican mal, pueden alejar a su pareja o herirla.

En los negocios, si alguien no puede articular con claridad una visión, existe un costo financiero. Unos pocos de esos costos pueden ser:

- Pérdidas y retrasos en la productividad.
- Estrés para el líder y los trabajadores, lo que puede desencadenar costos de servicios de salud.

- Falta de confianza, que puede resultar en retrasos en la solución de problemas.

- Desconexión de los líderes y los trabajadores.

- Una mala experiencia de servicio al cliente porque tratamos a los clientes de la forma en la que nos tratan en el trabajo.

- Cambios de empleados y los costos asociados porque la gente se cansa de los gerentes que no pueden comunicarse o aquellos en los que no creen.

- Bloqueos en la creatividad y la innovación porque un cerebro que está bajo estrés no es un cerebro creativo ni calmado.

Las investigaciones han demostrado que el costo financiero de la mala comunicación puede sumar, literalmente, decenas de millones de dólares cada año para algunas de las compañías más grandes. Un estudio de Webtorials for Mitel, un líder global de comunicaciones, descubrió que, en promedio, cada compañía pierde 11.000 dólares por empleado en cuestiones de productividad debido a la mala comunicación. Ese mismo estudio reveló que la comunicación ineficiente, en promedio, le cuesta a cada compañía con 500 empleados más de 5 millones de dólares cada año[1].

Mala comunicación

Está claro que la mala comunicación es un error caro para las empresas. Las propuestas de valor mal comunicadas hacen que se pierdan ventas y que se maten los márgenes al forzar a las compañías a entrar en el juego de nivelar los precios. Lo mismo pasa con los individuos que ofrecen servicios porque terminan sonando como una mercancía. La mala comunicación resulta en empleados desconectados, falta de productividad y pérdida de talento también.

De hecho, en una encuesta que la plataforma de comunicaciones Dynamic Signal les hizo a más de 1.000 personas, casi dos tercios de los empleados dijeron que querían renunciar porque la mala comunicación interfería en su habilidad de hacer bien sus trabajos[2].

Por fuera del lugar de trabajo, los mensajes mal comunicados pueden causar estrés en las vidas personales. De hecho, nueve de cada diez empleados reportaron que los preocupa el estrés que sienten debido a sus trabajos[3,4].

Propuestas de valor

Una propuesta de valor es una *promesa* del valor que un cliente espera que una empresa, un producto o un servicio le den. El valor se determina en el contexto del *problema identificado* en específico que una empresa, un producto o una persona resuelven. Una propuesta de valor *única* es una solución que sus competidores no pueden replicar fácilmente o para nada.

Esta es una definición compleja que necesitamos analizar para entender mejor cómo puede ayudarnos la fórmula AMPLIFII™. Empecemos con la palabra *promesa*. Una promesa asume que el cliente cree y confía en usted. Un poderoso marco de historia puede acelerar el proceso para construir la confianza. Si añade un *ethos* (credibilidad) bien establecido, tiene el camino listo.

El *problema identificado* asume que usted ha escuchado y entendido el reto único al que se enfrenta el cliente (o el mercado). La habilidad para escuchar y la autoconciencia son grandes ventajas a la hora de comunicar propuestas de valor. Puede que un cliente no sea consciente de lo grande que es el reto o del costo real de no resolverlo. O quizás esté en negación.

Por último, hay dos aspectos asociados con la palabra *único*. La primera tiene que ver con si su producto realmente es único o si es sólo una mercancía. Si no es único, entonces el reto es demostrar que su valor es más grande, lo cual se apoya mucho en las conexiones personales, el construir confianza y las relaciones. Eso puede lograrse más rápidamente con las historias personales o de origen, así como con otras historias que conecten con su audiencia.

Si alguien es único, pero suena igual que todo el mundo (usa clichés y la misma jerga de los competidores), esa singularidad se desperdicia.

Matizando el cliché

Creo firmemente que las respuestas a la vida pueden encontrarse en los clichés. La primera vez que se usa un cliché no es un cliché. Es una verdad poderosa que comunica mucho con pocas palabras. Es tan poderosa que la gente la recuerda y la usa a menudo.

Los clichés crean imágenes que pueden resumir montones de palabras en una frase. El problema es que, sin importar cuán cierto sea un cliché, tiene muy poco impacto sobre una audiencia, si es que tiene alguno, porque ya nos hemos desensibilizado a él. Ha perdido su brillo y ya no es una novedad.

Muchos de los clichés que usamos en un ambiente de negocios no son los típicos de «de tal palo, tal astilla» o «la manzana nunca cae lejos del árbol». Son propuestas de valor trilladas y débiles que no tienen impacto cuando se usan por sí mismas. Algunos ejemplos son:

- Servicio de clase mundial.

- Mi puerta siempre está abierta.

- Nuestra cultura realmente nos diferencia.

- Creemos que las personas son nuestro activo más valioso.

Todas esas son muy buenas ideas, pero casi nunca tienen impacto.

La buena noticia es que usar clichés puede funcionar con una técnica conocida como *matizar el cliché*. Es una aproximación simple que consiste en añadir una frase inmediatamente antes o después del cliché. A veces incluso en ambas partes. Veamos cómo.

Considere la propuesta de un servicio de clase mundial. Por sí misma no tiene nada de impacto. Pero vamos a matizarla. Antes de decir el cliché, reconozcamos que es un cliché. Por ejemplo, diga: «sé que suena a cliché, pero les ofrecemos a nuestros clientes un 'servicio de clase mundial'». Luego siga inmediatamente con: «ahora, déjeme explicarle a qué nos referimos *nosotros* con un servicio de clase mundial». Y entonces cuente la historia.

Esta aproximación refleja que el orador es astuto y consciente. No reconocer el cliché hace que el *ethos* de una persona disminuya. Al contar la historia de por qué el suyo es un servicio de clase mundial, el orador impide que la audiencia se cree su propio marco de lo que es un servicio de clase mundial.

Diferenciación

Michael E. Porter es uno de los pensadores más influyentes del mundo en temas de administración y competitividad. Es escritor, tiene la cátedra Bishop William Lawrence de la Escuela de Negocios de Harvard y es director del Instituto de Estrategia y Competitividad. Porter dice que hay tres maneras de competir o de ganar una ventaja competitiva en un mercado. Define esos tres tipos de estrategia como costo del liderazgo, diferenciación y segmentación del mercado (o foco)[5].

Para nuestros propósitos nos enfocaremos en la diferenciación. La diferenciación a menudo se malentiende como destacarse o ser diferente, pero es mucho más que eso. También es la habilidad de vender un producto o servicio sin tener que rebajar el precio.

La mejor manera para entender el rol de transmitir mensajes en la fórmula AMPLIFII™ es examinar algunos ejemplos.

El marco cuenta la historia y la propuesta de valor planta las semillas para el mensaje. Eso último se conecta con su audiencia y hace que estén abiertos a escuchar. Las propuestas de valor que hemos escogido en nuestro trabajo vienen directamente de aquello que valoramos en nuestras vida. Por ejemplo: «escojo trabajar para esta compañía porque…».

La manera de transmitir, la autenticidad desde el corazón, el contenido, el mensaje y la propuesta de valor trabajan juntos para crear conexión, buena transmisión y credibilidad. Cuando todo está sincronizado, obtenemos el resultado deseado: confían en nosotros, caemos bien y nos reconocen. Ese es el objetivo de la influencia.

Cuando alcanzamos esa armonía, podemos entregar nuestro mensaje y usar esa influencia, estemos nerviosos o no o incluso si estamos preparados o no. Lo esencial es hablar de corazón, demostrar valentía, comunicar el mensaje y conectar con la audiencia.

Lecciones poderosas

- Un mensaje es una comunicación verbal, escrita o grabada que el oyente necesita escuchar y entender desde la perspectiva única del presentador.

- La fórmula AMPLIFII™ facilita la habilidad para comunicar mensajes difíciles que los mecanismos de defensa de nuestros cerebros pueden bloquear o que el oyente puede malentender por culpa de la falta de un marco adecuado.

- Un buen mensaje persuade, se entrega por el canal adecuado y es preciso y detallado.

- Las propuestas de valor mal comunicadas hacen que se pierdan ventas y matan los márgenes al forzar a las compañías a jugar a igualar los precios. Lo mismo sucede con individuos que ofrecen servicios, pues terminan sonando como una mercancía. La mala comunicación causa desconexión en los empleados, falta de productividad y pérdida de talento también.

- Usar un cliché puede funcionar con una técnica conocida como *matizar el cliché*. Es una aproximación simple que involucra añadir una frase inmediatamente antes o después del cliché o incluso en ambos lugares.

CAPÍTULO 8

ARGUMENTOS DE CIERRE: EL ARMA SECRETA DE LOS EXPERTOS EN INFLUENCIA

"No asuma nada y comuníquelo todo".

—René Rodriguez

Que tenga su atención no quiere decir que ya lo haya influenciado. La influencia sucede a través de los argumentos de cierre.

Como lo hemos hablado, la comunicación es compleja. Hay muchísimas maneras en las que un mensaje puede perderse de una persona a otra: en un correo, por redes sociales o incluso cara a cara. El argumento de cierre es la manera más poderosa de asegurarse de que un mensaje no sólo se reciba, sino que se entienda exactamente como se pretendía.

El argumento de cierre elimina con facilidad la confusión y los marcos errados o negativos y asegura el mensaje exacto. El argumento de cierre delinea con claridad el valor preciso del mensaje en el contexto de lo que es importante para la audiencia y sus necesidades actuales. Cuando logra todo eso, el resultado mágico es la *influencia*.

La información nos inunda el cerebro

Nuestros cerebros se ven inundados de estímulos en cada momento que estamos despiertos. Nos bombardean con colores, texturas, profundidades de campo, correos electrónicos, publicidades, sonidos, mensajes de texto, pensamientos y todo lo que quepa en nuestro campo sensorial. El cerebro debe filtrar todo eso y decidir qué requiere de nuestra atención y qué es importante.

Hacer que todo tenga sentido

Como lo discutimos antes, el trabajo principal del cerebro es monitorear las posibles amenazas. Para entender cómo se relaciona esto con los argumentos de cierre, asumamos que el cerebro no percibe ninguna amenaza potencial. Una vez que estamos seguros, el cerebro no sólo intenta entender el mundo que nos rodea, sino los comportamientos de quienes tenemos alrededor.

Con tanta información inundándolo, el cerebro debe tomar decisiones rápidas sobre lo que es importante y lo que no. Eso significa que es probable que la mayoría de la información (incluyendo su mensaje) sea ignorada.

Por ejemplo, piense en cómo revisamos las redes sociales. Con cada deslizamiento pensamos «aburrido» o «¿qué me importa?», ignoramos la publicación y seguimos deslizando o nos detenemos por un momento para leer con más cuidado.

Este mismo proceso de pensamiento sucede cuando hablamos en persona. Nuestra audiencia busca constantemente:

- Qué significará esa información para ellos.
- Qué valor le añadirá a sus vidas.
- Cómo los ayudará a alcanzar sus metas.

El contexto importa

El contexto tiene un rol enorme al momento de determinar la mentalidad de una audiencia. Si la audiencia ha pagado por ir, ya han decidido que hay valor potencial en la información que les darán, así que estarán receptivos a escucharla y a tomar notas.

Esencialmente, la influencia sucedió antes de que llegaran. El mercadeo, la presencia social, un libro, un artículo o una referencia de algún tipo trabajó a favor del presentador para preparar a la audiencia (darle un marco) para que vieran el valor en los pensamientos e ideas que se les presentarán. Esos son ejemplos de estrategias que hacen que el *ethos* de alguien aumente y que logran que la influencia y la confianza se desarrollen más rápido.

Por eso es beneficioso dirigirse a grupos y pedirles que expandan su mensaje a una audiencia más grande. La misma clase de influencia sucede cuando usted crea una marca poderosa, contrata al mejor fotógrafo para que le tome fotos, invierte en una página web atrayente, trabaja con redactores para transmitir su esencia con palabras escritas y usa las redes sociales de una forma estratégica y auténtica.

Sin embargo, en ausencia de estas estrategias, el argumento de cierre correcto puede crear influencia. El argumento de cierre es la comunicación de valor más clara para su audiencia. Lo que lo hace tan poderoso es que está diseñado específicamente para ellos. Por supuesto, esa customización implica que usted ha escuchado quién es su audiencia, ha hecho preguntas y siente empatía por sus necesidades.

La frase mágica

De nuevo, el argumento de cierre responde a la pregunta específica de *qué significa este mensaje para ustedes*, la audiencia. Esa frase crea una conexión clara con lo que la audiencia ganará exactamente con su mensaje.

A veces el argumento de cierre puede ser simple. Aquí tiene un ejemplo de una situación con mis hijos cuando eran más pequeños. Mi objetivo de influencia era hacer que se lavaran los dientes a diario.

Premarco o la preparación. Les pedí a mis niños, que tenían 4 y 7 años, que fueran a mi oficina. Llegaron corriendo, se sentaron en mis piernas y la siguiente conversación sucedió.

Ey, chicos, quiero mostrarles algo. ¿Han visto que papá va al baño todas las mañanas y antes de acostarse para lavarse los dientes?

Sí.

¿Saben por qué lo hago?

¿Para tener los dientes limpios?

Sí. Pero tengo curiosidad. Hagamos una búsqueda de Google (nota: a los niños les encantan las búsquedas de Google).

Utilería del marco: imágenes de Google. La conversación continuó. Dije:

¿Qué pasa cuando no nos lavamos los dientes?

Para este momento, los chicos estaban viendo imágenes de la búsqueda de Google de gente con los dientes podridos y cayéndoseles, así que la expresión de sus rostros me lo dijo todo.

Argumento de cierre. Dije:

Es también para que no se nos caigan los dientes. ¿Acaso quieren que sus dientes se vean así?

Aún impactados por las fotos, sacudieron la cabeza. Luego les pregunté:

¿Quieren ir a lavarse los dientes?

Los dos salieron corriendo escaleras arriba de inmediato para hacerlo.

Note cómo la conversación y el argumento de cierre no fueron elaborados o complejos. No necesitaban serlo porque estaban ajustados específicamente para ellos (la audiencia). Una imagen poderosa creó la emoción que necesitaba y les dio un vistazo hacia el futuro. El argumento de cierre (lo que significa para ellos) fue clarísimo: si no se lavan los dientes a diario, sus dientes se verán así.

El marco crea el movimiento emocional, pero necesita estar dirigido a algo. La emoción por la emoción en los negocios puede ser frustrante e incómoda. El argumento de cierre le permite canalizar la emoción (*pathos*) creada en el marco para que se enfoque en una acción específica. Esa acción es su objetivo de influencia.

El objetivo de influencia

Para ejecutar efectivamente un argumento de cierre, su objetivo de influencia (el comportamiento que espera influenciar) debe estar claro. El objetivo de influencia es la acción, pensamiento o comportamiento específicos que intenta influenciar. Es fácil ver por qué puede confundirse con facilidad con un *llamado a la acción*. De nuevo, aunque puede haber sobreposiciones, las dos cosas son diferentes. Pensemos en Janice otra vez. Recuerde, ella estaba interesada en que la contratara una megacorporación. Por lo tanto, su objetivo de influencia (ser contratada) impulsó su argumento de cierre, el cual le presentaré una vez más:

> *Si obtengo la oportunidad de trabajar con ustedes y su equipo, habrá momentos en los que estaremos bajo mucha presión, con las espaldas contra la pared y enfrentándonos a lo que parecerán retos imposibles. Les prometo esto: estaré allí trabajando tan duro como ustedes para sobreponernos a los retos de la misma manera en la que superé los retos de mi vida personal, pero esta vez lo haré por ustedes y su equipo.*

Lo que hace que esto sea tan poderoso es que Janice usó su marco para explicarle a su audiencia por qué sería una gran contratación incluso cuando no le pidieron que hiciera eso. Conectó emocionalmente, luego dio el argumento de cierre e influenció a su audiencia para que tomara una decisión que estaba clara. Cuando tiene un objetivo de influencia claro, el argumento de cierre se hace aún más claro y fácil de identificar.

Esto suena relativamente simple... y lo es. Pero transmitir efectivamente el mensaje requiere de todas las habilidades de escucha, autoconciencia y empatía. Una historia, estadísticas o citas sin un argumento de cierre son como una broma que nadie entiende.

Quedan a medias y no añaden valor. Para obtener el máximo impacto, necesitamos hablar consistentemente en términos de qué significan nuestros mensajes para nuestras audiencias. Por desgracia, mucha gente pierde de vista eso.

El argumento de cierre no necesariamente es un llamado a la acción, aunque las dos cosas están bastante relacionadas. Lo que hace muy difícil tener bien el argumento de cierre es la suposición de que un mensaje se entiende porque se comparte. La gente asume demasiado a menudo que escucharon su mensaje únicamente porque hablaron con claridad. También asumen que el escucha puede conectar todos los puntos, que el escucha sabe qué se ha dicho o presentado y lo que significa para él. Esa es una suposición peligrosa que a menudo crea confusión, malentendidos y pérdida de ventas.

No asuma nada y comuníquelo todo

Uno de mis profesores universitarios más memorables me compartió un consejo muy profundo sobre la comunicación. Gracias a todos sus años como terapeuta de parejas casadas, dijo que el mejor consejo que podía darnos a nosotros, sus estudiantes, fue que *no asumiéramos nada y que lo comunicáramos todo.*

En otras palabras, nos ofreció una aproximación simple para ayudarnos a eliminar el reto más grande de la comunicación: las suposiciones.

Aterrizar el mensaje

Imagínese un mensaje que quiere transmitir como un globo lleno de helio. Si sencillamente lo dejamos ir, se va flotando y vuela a donde el viento se lo lleve. Para evitar que se vaya flotando, debemos asegurarlo a algo, atarlo.

Lo mismo aplica para su mensaje. Si usted asume que su audiencia lo entiende, entonces es como dejar ir el globo y esperar que suceda lo mejor. Puede que flote en la dirección correcta o no. El argumento de cierre se asegura de que sus oyentes y su audiencia entiendan lo que usted está diciendo y, más importante aún, lo que significa específicamente para ellos.

Características y beneficios

Una lección fundamental para las ventas es cómo presentar las características y beneficios. En nuestro caso, estamos usando las características y los beneficios como el marco para que sea más fácil entender los argumentos de cierre. Las características son los aspectos técnicos o descriptivos de un producto y los beneficios son las maneras específicas en las que un producto añade valor.

Aquí tiene algunos ejemplos simples:

- **Teléfono móvil.** Característica: reconocimiento facial. Beneficio: mayor seguridad para protegerlo de hackers.

- **Gaseosa dietética.** Característica: no tiene azúcar añadida. Beneficio: no tiene calorías innecesarias, así que es más fácil perder peso.

- **Mejora de ferias comerciales.** Característica: suelo acolchado. Beneficio: reduce la fatiga y la fascitis plantar en los pies por estar parados todo el día.

Ojalá esté empezando a tener una imagen más clara de la conexión y el valor de los argumentos de cierre, así como la relación que tienen con su mensaje. Ya ha leído esto, pero vale la pena repetirlo: en un nivel alto, el argumento de cierre es el beneficio que tiene su mensaje para el oyente. Pero la comunicación es complicada por las muchas variables intangibles de la audiencia, incluyendo las ideas y las emociones. También debemos tener en cuenta las necesidades específicas, el estado mental y la situación actual del cliente o la audiencia. Cuesta digerirlo, pero todo es importante.

Si elimina los beneficios de la ecuación, únicamente activará las áreas específicas de Broca y Wernicke del cerebro, las cuales son las responsables de procesar el lenguaje. Estas dos pequeñas áreas del cerebro no contribuyen al cambio comportamental[1].

Cuando devolvemos los beneficios a la ecuación a través de un argumento de cierre, activamos el cerebro para que se imagine beneficios futuros, cree imágenes vívidas y sienta los beneficios. Esa anticipación libera el químico dopamina (la hormona de la felicidad) también, lo cual es positivo cuando estamos intentando influenciar el comportamiento.

Estadísticas sin argumento de cierre

Analicemos otro ejemplo, pero esta vez con estadísticas. Primero, consideremos las estadísticas sin un argumento de cierre o beneficio:

- El 97% de los compradores buscan sus casas en línea[2].

- El 56,75% de todo el tráfico de internet viene de los dispositivos móviles[3].

- El 96% de los usuarios de internet incrementaron su consumo de video en el 2020[4].

Estas estadísticas sin marco o argumento de cierre fuerzan al lector a derivar su valor, si es que derivan alguno.

Vemos esta falta de marco y de argumentos de cierre con mucha frecuencia en la industria financiera, cuando un experto sencillamente comparte una estadística. Darle clic a la noticia para ver cuánta más información hay sería mucho más valioso, fácil de entender e interesante si nosotros, como escuchas o lectores, pudiéramos entender cómo nos afecta. Eso incluye estadísticas como el producto interno bruto, solicitudes de desempleo, inflación, precios de la gasolina, tasas de interés e incluso el promedio industrial Dow Jones.

Para ser justo, algunas organizaciones intentan explicar el significado de estos números. Pero esas explicaciones a menudo son generalizaciones y, sin un argumento de cierre, no comunican cómo se relacionan específicamente con cada uno de nosotros. Si su industria usa esa clase de información para trabajar con los consumidores, entonces su éxito depende de su habilidad para usar argumentos de cierre con sus clientes.

Estadísticas con un argumento de cierre

Ahora veamos esas estadísticas presentadas con un argumento de cierre:

- El 97% de los compradores buscan sus casas en línea[5]. **Argumento de cierre:** si usted es un agente de bienes raíces y no tiene presencia en línea, se arriesga a perder clientes con los que sí la tienen.

- El 65,75% de todo el tráfico de internet viene de los dispositivos móviles[6]. **Argumento de cierre:** si su página web no está adaptada para dispositivos móviles, está alienando a más de la mitad de los visitantes potenciales de su sitio web.

- El 96% de los usuarios de internet aumentaron su consumo de video en el 2020[7]. **Argumento de cierre:** necesita invertir en crear videos poderosos y atractivos que comuniquen su propuesta de valor o se quedará rezagado.

Los argumentos de cierre anteriores le comunican al lector cómo esas estadísticas pueden afectarlo y cuáles se espera que sean las ganancias o pérdidas. Los números adquieren más significado porque entendemos sus consecuencias.

La información similar puede tener un valor diferente para distintas audiencias. También puede volverse incluso más compleja entre varias personas de la misma audiencia. Por eso es tan importante conocer a su audiencia y tener suficientes argumentos de cierre como para dirigirse a las necesidades de todo el mundo.

Las tasas de interés subieron un 0,5%

Ahora veamos cómo puede cambiar un argumento de cierre dependiendo de la audiencia. La estadística en este caso es que las tasas de interés hipotecario subieron medio punto. Vemos cómo podemos tener argumentos de cierre diferentes para tres audiencias:

- **Para un gestor hipotecario.** *Lo que esto significa para usted es…*

  ▲ El número de clientes interesados en un refinanciamiento bajará, así que tendrá que enfocarse en incrementar su negocio de compra de hipotecas.

- **Para un agente de bienes raíces.** *Lo que esto significa para usted es…*

▲ El poder de compra de su cliente bajará un poco, así que quizás tenga que ajustar sus criterios de búsqueda de propiedades.

• **Para el consumidor.** *Lo que esto significa para usted es...*

▲ Esta es una gran noticia porque su tasa de interés ya quedó fija en el banco. Entonces relájese y disfrute de que ya aseguró la mejor tasa posible.

▲ Porque escogió esperar y no firmó su préstamo sino hasta la semana pasada, como lo discutimos, su pago ha subido 47 dólares por mes. Le recomiendo mucho que lo fije ahora para evitar cualquier otro incremento innecesario en su pago mensual.

Note cómo cada argumento de cierre es diferente. El mensaje le ofrece valor a la audiencia cuando entendemos específicamente qué significa ese mensaje para ellos. El argumento de cierre crea una conexión clara entre el mensaje y su significado.

Dar vueltas y vueltas

No dar un argumento de cierre, incluso para algo mundano, es un riesgo. Ocurre un cambio y quedamos a merced de nuestros propios marcos, o la falta de ellos, para saber qué significa.

En un viaje que hice a Europa cuando era un niño, recuerdo cómo conocí por primera vez las glorietas e intersecciones de tráfico (son intersecciones circulares de una vía que se usan en lugar de semáforos). Un argumento de cierre faltante es como estar atrapado en una glorieta interminable.

Me molestó mucho cuando también empezaron a aparecer en los Estados Unidos. Mi único marco de referencia era la confusión y la molestia que me causaron en mi viaje a Europa. Entonces, cuando aparecieron en mi ciudad, apliqué ese marco.

Pero si esas glorietas hubieran sido presentadas con un marco y un argumento de cierre, la historia habría sido completamente diferente. Sólo hasta hace unos años aprendí a apreciar su valor. Las glorietas están diseñadas para mejorar la seguridad y la eficacia para los conductores, ciclistas y viandantes.

Algunas personas las aman y algunas personas las odian. A mí me molestaban hasta que decidí investigar por qué las usamos. Las estadísticas son impresionantes. El uso de glorietas:

- Reduce los accidentes fatales en un 90%.

- Aminora las heridas por choques en un 76%.

- Disminuye los choques contra peatones entre un 30 y 40%.

- Aumenta la capacidad de tráfico entre un 30 y 50%.

También son amigables con el medio ambiente, pues reducen el consumo de gasolina y las emisiones de carbono, así como el retraso de vehículos y la cantidad y duración de las paradas. Eso si se las compara con las intersecciones semaforizadas. Con ese marco y ese argumento de cierre, ya no me molestan las glorietas. El nuevo marco cambió mi constructo de la realidad e hizo que tuviera una experiencia completamente diferente con ellas[8].

Cuando aprendemos a conectar con las personas a través de un marco claro, un mensaje y un argumento de cierre (la fórmula AMPLIFII™), el escucha no sólo está atento, sino que es influenciable.

Rampas de acceso

A lo largo de los años he aprendido que una de las maneras más rápidas para tener una mejor transición de una parte de la presentación/charla/ mensaje a otra es a través del uso de las *rampas de acceso*. Las rampas de acceso son sencillamente frases de transición que le señalan rápido a la audiencia lo que seguirá. También le ayudan al presentador/ conferencista a no desviarse.

La rampa de acceso, o transición hacia el argumento de cierre, más sencilla y común es: *«la razón por la que comparto esto con ustedes es…»*.

Esta frase poderosa sirve para muchos propósitos, pero, más importante aún, le permite al presentador hacer la transición hacia el argumento de cierre. Esta frase de transición le indica al oyente que están a punto de entregarle el valor.

Cuando aprendemos y practicamos por primera vez las secuencias, a menudo gravitamos hacia esa frase. Y eso está bien. Mi buen amigo y cliente Tyler Lorenzen, presidente de PURIS Foods, es un maestro usando la fórmula AMPLIFII™ y las diferentes metodologías para establecer marcos. Un día recibí un mensaje de texto de su esposa, Alyssa, diciendo que debía haber más de una manera de presentar un argumento de cierre y que estaba cansada de escuchar: «la razón por la que comparto esto con ustedes es…».

Me reí. Esto es común cuando las personas aprenden por primera vez sobre los argumentos de cierre. Luego Alyssa me compartió que ella y Tyler habían pensado en otras 20 rampas de acceso para no sonar repetitivos. Aquí las tiene:

- Lo que esto significa para usted es…
- Comparto esto/esta historia con ustedes porque…
- La razón por la que esto les importa es…
- Creo que esto les importa porque…
- El punto de todo esto es…
- Esto es relevante para ustedes porque…
- Mi punto es…
- Les menciono esto porque…
- Los invito a considerar…
- Esto es aplicable en su situación porque…
- Se podrán beneficiar de esto porque…
- La razón por la que esto debería importarles es…
- Esta es información pertinente porque…
- El valor que tiene esto para ustedes es…
- Esto se relaciona con ustedes porque…
- La razón por la que es interesante es que…
- Esto es significativo porque…

- Esto se relaciona directamente con ustedes porque…

- Esto encaja bien porque…

- Esta historia es apropiada porque…

Un argumento de cierre debería impulsar el comportamiento a alcanzar un objetivo. Con el marco, el mensaje y el argumento de cierre, no queda ninguna duda de qué es lo que quiero que usted haga. Lo he inspirado con mi mensaje. Si usted ha inspirado y liderado a personas y ellos le han dado el privilegio de querer seguirlo, es su misión crear el camino por el que deben ir.

Lecciones poderosas

- El argumento de cierre elimina con facilidad la confusión y los marcos negativos o erróneos para transmitir con exactitud el mensaje.

- El argumento de cierre comunica explícitamente el valor preciso del mensaje en el contexto de lo que es importante para la audiencia y sus necesidades actuales. Cuando puede lograr todo eso, el resultado mágico es la *influencia*.

- Una historia, unas estadísticas o unas citas sin un argumento de cierre son como una mala broma. Quedan incompletas y no añaden valor.

- Imagínese su mensaje como un globo lleno de helio. Si solo lo dejamos ir, se va flotando. Para evitar que el mensaje se pierda, debemos asegurarlo a algo: el argumento de cierre.

- Los argumentos de cierre deberían estar personalizados para una audiencia específica.

- Una manera rápida de hacer una transición mejor de una parte de la presentación/charla/mensaje a otra es a través del uso de las *rampas de acceso*. Estas son frases de transición que le dejan saber rápido a la audiencia qué es lo siguiente y también ayudan a que el presentador/conferencista no se desvíe.

PARTE III

LAS
HABILIDADES

CAPÍTULO 9

EL ARTE Y LA CIENCIA DE CONTAR HISTORIAS

"Las historias potenciales están en todas partes, solo debemos tomarnos el tiempo de escuchar y buscarlas".

—René Rodriguez

Era 14 de agosto del 2003. Estaba en Nueva York, en el piso 18 del Edificio Liz Claiborne, dándoles una presentación a los vicepresidentes de la división textil de una compañía.

Ese era un gran día para mí. Liz Claiborne era una clienta nueva y de alto perfil que se salía de mi típica base de clientes de manufactura. Además, todos los que tomaban las decisiones estaban en ese salón. Todo estaba saliendo bien: mis historias, mi tiempo y mis argumentos de cierre estaban perfectos. Incluso estaba vestido por completo con ropa de la marca Liz Claiborne, la cual había comprado la noche anterior solo para poder contar la historia.

Llevaba tres horas y cuarenta y cinco minutos de mi presentación de cuatro horas cuando de repente sentí que las luces brillaban demasiado. Me recordó a lo que había pasado cuando se fundió un fusible en mi casa. ¡Y luego se fue la energía!

Un corte de energía normalmente no es nada grave. Pero, para poner este apagón en contexto, sucedió menos de dos años después de las tragedias del 9/11. Estábamos en Manhattan, no muy lejos de donde las torres del World Trade Center habían colapsado. Esto fue mucho antes de que los Estados Unidos rastreara a la mente maestra de los ataques terroristas de al-Qaeda, Osama bin Laden.

Dos de los vicepresidentes de Liz Claiborne de la audiencia empezaron a llorar y el pánico se asentó. Luego el presidente se levantó y se fue del salón para ver qué había pasado. Volvió unos tres minutos después y dijo que había un apagón por toda la costa este. Ahí fue cuando supimos que la cosa era seria. (Este fue el apagón del 2003 de Nueva York, el cual afectó a 50 millones de personas en 8 estados y parte de Canadá. Terminó durando 29 horas)[1].

La historia de fondo

Comparto esta historia porque recientemente acababa de terminar mi primer entrenamiento de conferencista profesional, en donde aprendí el concepto de las historias insignia. En esa clase estaba rodeado de profesionales, presidentes y otras personas más experimentadas y mayores que yo, quienes sin duda tenían historias increíbles por contar. En ese momento sentí que yo no tenía historias por transmitir.

Un ejercicio de mi entrenamiento implicó tener 12 minutos para crear un discurso usando una historia insignia, la cual es una historia tan única como nuestras firmas. Le hablaré más de eso luego. Mis compañeros de clase habían contado historias de interacciones con la CIA y el Ku Klux Klan, de la guerra, de adquisiciones hostiles y de accidentes de avión.

Y luego estaba yo, que apenas había salido de la universidad. Me estaba exprimiendo el cerebro para encontrar una historia. Con 4 minutos restantes para escribir, de los 12 que nos habían dado, me acerqué a mi instructor, prácticamente llorando por el estrés, y le dije que no creía que tuviera nada para compartir. Me miró, sonrió, me dijo «tiene tres minutos» y luego se fue. En los siguientes tres minutos me encontré con la historia de Jessie Arbogast, un chico al que un tiburón le arrancó un brazo. Usé la historia para ilustrar cómo el dinero no era suficiente para motivarnos a saltar en unas aguas infestadas de tiburones, pero que si nuestro hijo se cayera y estuviera en peligro, nos lanzaríamos sin dudarlo. Esa es una de las historias más poderosas que he compartido en mi carrera.

Más importante aún, el ejercicio me enseñó que el potencial de las historias está en todas partes y que necesitamos buscarlas. El instructor también nos dijo que debíamos imaginarnos que cada historia insignia vale 50.000 dólares. Entonces coleccione esas historias y trátelas como algo valioso.

De repente, en ese día en Nueva York cuando se fue la energía, esos pensamientos quedaron de primeros en mi mente. Me di cuenta de que necesitaba capturar cada historia que sucediera en ese período de tiempo. Entonces saqué mi BlackBerry (el teléfono de esa época) y empecé a tomar notas. Comencé a ponerles atención a las reacciones de las personas, sus comportamientos y todo lo que pudiera contribuir a una historia.

Noté quién se destacó como un líder y quien se quedó atrás, esperando a que lo lideraran. Enfocar mi atención en esos detalles redujo mi estrés y me permitió pensar con claridad.

La escalera

La primera historia nos involucró a los 18 que bajamos las escaleras en la oscuridad. Las escaleras de Nueva York no tienen luces… o al menos en ese momento no tenían. Y en el 2003 los celulares no tenían linternas y las pantallas no eran lo suficientemente brillantes como para iluminar el camino.

Tuvimos que tomarnos de las manos y bajar con cuidado todos esos tramos de escaleras. Estábamos haciendo todo eso mientras aún pensábamos que podíamos estar en medio de un ataque terrorista porque nadie sabía que el apagón había sido causado por un error humano. Todo lo que sabíamos es que no había energía en un gran pedazo de los Estados Unidos. Con el 9/11 tan fresco en la memoria, todos estábamos muy alertas y muchos aún sufrían de un desorden de estrés postraumático.

Finalmente llegamos al primer piso. La variedad de respuestas de la gente en la calle iba desde gritos de que se acercaba el fin del mundo a gente actuando como si nada inusual hubiera sucedido. Fue fascinante, extraño y atemorizante al mismo tiempo.

Jonathan, el botones

Volver al hotel era mi prioridad, así que fui hacia allá. Nunca olvidaré al botones en jefe del Hilton Times Square, Jonathan, de pie y muy atento en medio del caos en la puerta principal. De alguna manera me vio y me dedicó una sonrisa enorme, sosteniéndome la puerta y diciendo: «bienvenido de vuelta, señor Rodriguez. No se preocupe, tenemos una planta eléctrica».

La sensación inmediata de alivio y comodidad que me dio no tuvo precio. Su habilidad para mantenerse en calma y profesional durante una crisis es muy difícil de entrenar y algo que la mayoría de las organizaciones sólo pueden soñar con tener.

Más tarde ese día me enteré de que Jonathan tenía una esposa y un niño pequeño en el hospital, pero que no podía visitarlos porque habían cancelado el ferry. Sin embargo, siguió siendo profesional y nos prestó un servicio de clase mundial a todos los que estábamos en medio del caos. Nunca olvidaré su disciplina y cuán difícil debe haber sido todo para él.

Palos luminosos

Cuando me acerqué a los ascensores, un hombre con unos palos luminosos estaba bloqueando la entrada. Estaba revisando las llaves de las habitaciones y luego agarrando los palos de luz, abriendo los paquetes, doblándolos para encenderlos y después dándoselos a los huéspedes del hotel.

Este hombre estaba frenético y en pánico. La gente le estaba pidiendo que no activara los palos de luz porque eran las 2:30 de la tarde. Pero, en su pánico, él no los escuchaba y seguía repitiendo que era una política del hotel y que no había nada que pudiera hacer. Cuanta más gente le gritaba, más se resistía él.

Me quedé atrás, observando, y supe exactamente qué estaba pasando. Estaba en un modo de alta resistencia y alto estrés. Necesitaba calmarlo para poder darle el mensaje de que se encontraba actuando irracionalmente. Pero si usaba la misma técnica que los demás, obtendría la misma respuesta: una actitud defensiva que solo aumentaría su irracionalidad.

Caminé despacio para ponerme detrás de él y empecé a agradecerle por estar ahí para nosotros. También le dije lo buena idea que era tener palos luminosos. Me miró por encima del hombro con algo de confusión y murmuró: «gracias». Luego le pregunté cuánto duraban los palos luminosos. Me miró de nuevo y dijo: «¿eh?». Le repetí la pregunta: «¿cuánto tiempo duran los palos luminosos?».

Conocía la respuesta, pero hacerle la pregunta lo forzó a pensar de una manera diferente. Empezó a calmarse y dijo: «unas cuatro o cinco horas». Yo dije «eso es increíble» y luego le pregunté qué hora era. Se podía ver que se estaba calmando mientras seguía entregando los palos. Luego se detuvo, me miró, agarró una manotada de palos y me los entregó sin activar. Y me dijo: «no le cuente a nadie que le di todos estos».

Nuevas habilidades y conciencia

Estas son solo tres de las más de cincuenta historias que capturé en un período de 48 horas en Nueva York. Me quedé asombrado y emocionado por esta nueva habilidad y recién adquirida conciencia.

La realidad es que las historias están en todas partes si aprendemos a buscarlas. Nuestro sistema de activación reticular (la parte de nuestro cerebro que dice «sí, escuche» u «olvídese de ello») está diseñado para discernir lo que es importante. Cuando las historias se hacen importantes para nosotros, creamos una categoría para ellas en nuestra mente y empezamos a verlas en todas partes.

Es como cuando compramos un carro nuevo pensando que somos los únicos con ese carro y luego, justo cuando salimos del concesionario, vemos el mismo carro en todas partes.

El valor de las historias

Cada que inauguramos los eventos AMPLIFII™ con una cena, empiezo con este marco de historia. Puede tomar un pedazo normal de pollo sin ninguna historia y terminará en el menú de un dólar de un restaurante o cadena de comida rápida. Ahora, tome ese mismo pedazo de pollo, constrúyale una historia (la granja de la que salió, cómo lo preparó meticulosamente un chef de cinco estrellas) y preséntelo con mucha atención a los detalles. De repente ese trozo de pollo de 1 dólar hace parte de un menú degustación que cuesta 100 dólares por persona.

Es el mismo pollo y la misma propuesta de valor, pero presentado con un marco diferente. Ese es el poder de contar historias para transformar por completo nuestra experiencia y realidad.

Enfrentémoslo, como humanos nos cuesta mucho resistirnos a una buena historia, ya sean chismes en una barbacoa, una publicación en redes sociales, una propuesta de GoFundMe, una película, una serie favorita o sencillamente una experiencia divertida.

Narrativas y ciencia

Hace casi tres décadas escogí enfocar mi vida y mi carrera en la aplicación de la ciencia en lugar del descubrimiento de la misma. Mi pasión era, y aún lo es, la implementación y la aplicación. Era incansablemente curioso en mi búsqueda por probar las cosas. Mis fracasos en el básquetbol me dieron el regalo de la resiliencia que tanto me sirve ahora.

Le comparto esto porque enmarca un tema interesante: la exactitud o la verdad literal de la ciencia *versus* el valor metafórico de una narrativa que podemos crear para entender y aplicar la ciencia.

El empresario americano Jim Rohn dijo: «mientras que algunas personas están estudiando la raíz, otras están recogiendo las frutas»[2].

Necesitamos a esos dos tipos de personas. En mi opinión, me veo como un enlace, alguien que salva la distancia entre ambos mundos. Yo era alguien raro en la escuela: detestaba las matemáticas, pero amaba las estadísticas. Mi madre me explicó que era porque las estadísticas buscan la verdad. Eso tenía sentido. También amaba la ciencia, pero sólo cuando podía ver una aplicación clara y el valor que tenía para mi vida. Entonces, cuando aprendí sobre la ciencia de contar historias, quedé cautivado de inmediato. Sabía que me enfocaría en eso por el resto de mi vida. También sabía que me enfrentaría a una batalla silenciosa entre la ciencia y la narrativa porque las dos intentan comunicar la verdad.

Constructos diferentes

Algunos dicen que el contar historias puede distorsionar la ciencia y contribuir a la desinformación. Vemos eso todos los días en las redes sociales, en los medios y en la política, pues la gente elige selectivamente qué escoger para beneficiarse. También es verdad que contar historias es la manera más poderosa de enganchar a una audiencia para que aprenda conceptos e ideas complejos. La historia correcta puede hacer que las audiencias apoyen emprendimientos extremadamente complejos y que donen dinero para financiarlos.

Justo como el proceso de crear un marco, la ciencia y el contar historias (narrativa) representan dos maneras diferentes de construir la realidad. La ciencia busca patrones objetivos que delineen verdades generales sobre el mundo, mientras que las narrativas delinean las conexiones a través de la experiencia humana que nos ayuda a crear el significado y el valor de nuestra realidad.

Sin importar sus diferencias, ambas cosas son esenciales porque nos ayudan a entender el mundo y a encontrar nuestro lugar en él.

Operación eficiente

Nuestros cerebros construyen modelos de realidad al descartar la información irrelevante. Las historias son la forma natural en la que nuestro cerebro organiza los datos que lo abruman a diario. Las historias nos permiten construir un modelo simplificado de la realidad para darle sentido al mundo que nos rodea. Sin embargo, no sufrimos de cerebros sobrecargados porque nuestros cerebros también funcionan sobre una base de usarlo o perderlo.

Por ejemplo, es más fácil aprender un idioma a una edad temprana porque nacemos con neuronas incontables en nuestros cerebros. Las neuronas están programadas para entender los distintos sonidos asociados con los diferentes idiomas. Si no escuchamos un sonido vocal particular, por ejemplo, el cerebro descarta las neuronas diseñadas para escucharlo para ser más eficiente. Esta realidad de usarlo o perderlo se conoce como darwinismo neural. Por eso a menudo las personas tienen más dificultades aprendiendo un idioma cuando son mayores.

Este proceso de descarte no es sólo para los sonidos. También se aplica a otros estímulos. El cerebro siempre busca filtrar los estímulos sensoriales que clasifica como poco importantes o poco relevantes para nuestras necesidades actuales. Para maximizar nuestra influencia, debemos entender cómo el cerebro escoge retener o filtrar ciertos estímulos sensoriales. Su mensaje depende de que entienda esto.

Piénselo. Nuestros cerebros constantemente están decidiendo lo que es valioso y lo que no. Ahí es donde el contar historias se convierte en una herramienta poderosa. Como lo mencioné antes, una historia se convierte en la forma lógica y natural de organizar o categorizar datos en un modelo de realidad simplificado y usable (lo que es valioso para mí en este momento). Amamos estas historias porque nuestros cerebros, en algún nivel, perciben que la línea de trama es real. Eso crea una respuesta emocional.

El poder de la historia

Algunas investigaciones indican que los humanos nos pasamos al menos un tercio de nuestras horas activas soñando despiertos[3]. Otras investigaciones dicen que esa cifra es casi la mitad (el 47%) de nuestras horas activas. La razón por la que soñamos despiertos es que la parte más grande de nuestros cerebros (el neocórtex) está encargada de predecir el futuro para prepararnos para diferentes eventualidades: ¿y qué si esto o lo otro sucede? Soñar despiertos es sencillamente planear para diferentes escenarios y crear simulaciones del futuro. Así es, nuestras mentes vagan y estamos pensando en cosas diferentes de las que tenemos enfrente[4].

Y el cerebro

Las tomografías cerebrales han demostrado que, cuando estamos interesados en una historia, nuestra atención se centra en el momento presente. En esencia, dejamos de soñar despiertos porque el narrador está encargándose de eso por nosotros. El narrador está creando la historia dentro de la mente del oyente.

De hecho, cuando alguien escucha una historia, además de estar escuchando, está completamente presente. Es el mismo nivel de conciencia que tendría si estuviera en una situación de vida o muerte. Está tan atento al mensaje como lo estaría si alguien lo estuviera apuntando con una pistola. Ese nivel de enfoque agudo se conoce como enfoque atencional.

Como comunicador, piense en el poder de la historia que está tejiendo, del marco que preparó para captar la atención de su cliente o audiencia. Y considere el poder que tiene para comunicar su mensaje.

El proceso

Hay muchos elementos diferentes involucrados en contar una historia (desde el arco dramático del novelista y dramaturgo alemán Gustav Freytag hasta el monomito o camino del héroe de Joseph Campbell: un proceso de 17 pasos hacia el heroismo[5]). Es fácil estancarse en los detalles y complejidades de cómo crear la historia perfecta. Pero no quiero hacer eso aquí, quiero mantenerlo todo muy simple.

La fórmula de su historia

Se ha dicho que hay siete tramas narrativas básicas en el arte de contar historias que se usan repetidamente y sólo cambiando los personajes. Esos siete tipos de historias, de acuerdo con *The Seven Basic Plots: Why We Tell Stories* de Christopher Booker (Bloomsbury), son:

1. **Vencer al monstruo.**

2. **De pobreza a riqueza.**

3. **La búsqueda.**

4. **Viaje y regreso.**

5. Renacimiento.

6. Comedia.

7. Tragedia.

Es importante entender que es probable que su historia encaje en una de esas categorías y que necesita contarla. Debido a que nuestros cerebros entienden estas líneas de trama familiares, podemos prestarles atención y aprender de ellas más fácilmente. No difiere mucho de la razón por la que tanta música pop suena de la misma manera. Existe una fórmula.

Sin embargo, porque haya una fórmula o porque la línea de trama pueda ser similar, eso no significa que el contenido sea parecido. Significa que podemos seguir más fácilmente los patrones y la estructura para que nuestros cerebros no se distraigan. De esa manera es más fácil concentrarse en el mensaje que se está transmitiendo.

El corazón y el cerebro

Para los propósitos de la influencia y la habilidad de tener un impacto sobre otros, necesitamos permitirles a nuestros corazones que hablen en una secuencia que los cerebros de los oyentes entiendan. Y para que eso pase necesitamos ganar acceso al corazón.

Con respecto a la comunicación, el corazón incluye tres elementos: nuestros valores, creencias y recuerdos personales. Sabemos que nuestros valores se forman muy temprano en la vida. Sin mencionar edades específicas, sabemos que los primeros años de nuestras vidas son formativos. Determinan en gran medida quiénes somos y qué capta nuestra atención y nuestros corazones. Esos años formativos también contribuyen a determinar nuestro enfoque y nuestro propósito en los negocios.

Las historias nos atraen por cómo nuestro cerebro lidia con la atención. Nuestros sentidos interpretan una historia casi como si fuera real. Amamos las películas porque nuestros cerebros perciben esas escenas como reales, haciendo que nuestro córtex sensorial se ilumine como un árbol de Navidad.

¿Alguna vez ha llorado mientras lee un libro o ve una película? Los personajes no existen y, sin embargo, usted responde emocionalmente a lo que está en la pantalla o las páginas. A través de una historia, de verdad experimentamos lo que otros experimentan, incluso si son personajes ficticios.

Cuando escuchamos una historia, nuestro cuerpo secreta hormonas de la felicidad, incluyendo cortisol, dopamina y oxitocina[6]. Más específicamente, el cortisol nos ayuda a formular recuerdos, la dopamina está relacionada con las respuestas emocionales y la oxitocina se vincula a la empatía[7].

La secreción de la oxitocina crea sentimientos de empatía y experimentamos una pérdida, por ejemplo, como si fuera nuestra pérdida. Experimentamos la victoria como si nosotros hubiéramos ganado el campeonato. Este es un ejemplo de cómo el *pathos* tiene un rol poderoso en la influencia.

La ciencia

Más allá del hecho de que todos disfrutamos de una buena historia, hay puntos científicos que explican por qué.

Las investigaciones también han demostrado que la clase de historia que contamos afecta los niveles de oxitocina y, a su vez, el nivel de cooperación de los demás, de acuerdo con Paul J. Zak, un profesor de ciencias económicas, psicología y administración en la División de Política y Economía de la Universidad de Claremont. Zak también es un pionero en la neuroeconomía, la integración de la neurociencia y la economía.

La cantidad de oxitocina liberada por el cerebro, por ejemplo, puede prever cuánto están dispuestas unas personas a ayudar a otras. Basándose en estudios adicionales, que incluyen financiamiento del Departamento de Defensa de los Estados Unidos, Zak descubrió que cuando contamos una historia que incluye tensión en la trama, nuestros oyentes le prestan más atención y sienten las mismas emociones que se transmiten en la historia.

Para aquellos con dudas sobre la conexión científica, esta transferencia de emociones se ilustra por cuántas personas se sienten dominantes después de ver una película con un héroe o superhéroe, como James Bond, el agente 007, que salva el mundo, o los Vengadores de Marvel, que derrotan al mal.

«Cuando quiera motivar, persuadir o ser recordado, empiece con una historia sobre las dificultades humanas que termine con un triunfo eventual. Eso cautivará los corazones de la gente, pero primero atraerá a sus cerebros», dice Zak[8].

Zak relaciona la neurobiología del arte de contar historias con los negocios de la siguiente manera:

«Mis experimentos demuestran que las historias centradas en los personajes y con un contenido emocional resultan en un mejor entendimiento de los puntos clave que el conferencista quiere transmitir y permite que esos datos se recuerden mejor incluso semanas después»[9].

Por lo tanto, la historia (el marco) se convierte en una de las maneras más poderosas para conectar con su audiencia. Cuando usted cuenta una historia, la audiencia se involucra tanto con la narrativa que se imaginan a ellos mismos dentro de la historia.

Empatía

Una historia también es una de las pocas maneras en las que los humanos podemos experimentar de verdad la perspectiva de alguien más. Esa es la empatía real. Hacemos eso no solo al contar historias, sino también al escuchar las historias de nuestros clientes.

Un estudio descubrió que después de escuchar una buena historia durante dos semanas, los oyentes de verdad reportaron las ideas de la historia como si fueran propias. Ese estudio apareció en *Applied Cognitive Psychology*, una revista científica arbitrada por pares[10].

Este grado de aceptación es la razón por la que las agencias para crear marcas y las campañas políticas se gastan miles de millones de dólares en construir narrativas poderosas y emocionales que hagan actuar a las personas. Estos profesionales saben que las historias serán adoptadas a un nivel profundo y luego defendidas como si fueran propias. Los resultados son las compras y los votos.

El factor confianza

Al contar historias, nos abrimos camino hacia los cerebros de los oyentes y podemos crear la narrativa deseada *si*, y es un gran *si*, existe confianza. Si se establece confianza, las historias de verdad pueden influir en cómo las personas piensan y toman decisiones.

Los mejores vendedores, líderes y organizadores crean grandes narrativas e historias poderosas que entregan un mensaje para ayudarles a los demás a entrar en acción. Entienden el poder de lo que dicen y cómo lo dicen.

Pruebe el siguiente ejercicio para ayudarse a identificar aquellos valores que son importantes para usted.

La advertencia

Contar historias es una herramienta de influencia que también puede usarse mal. Algunos organizadores a menudo usan una historia para incitar a una multitud a que proteste o se rebele. Los villanos pueden tener marcos fuertes que generan odio, racismo y violencia.

Con el poder de la influencia es importante recordar que una historia es como un arma o un carro. Puede usarse para el bien o para el mal. Creo que el trabajo que hacemos es sagrado porque nuestro trabajo (esta influencia) cambia el mundo, crea el ambiente en el que vivimos y las comunidades a las que servimos y afecta nuestros hogares y a nuestros hijos. Si usted quiere tener un efecto en el mundo, haga un buen trabajo y conmueva a las personas. Aprenda cómo contar su historia.

Mis valores

Algunas veces la vida puede ser estresante y es durante esos momentos que necesitamos algo poderoso que nos impulse.

La motivación se desvanece rápido, pero nuestros valores, cuando están alineados con nuestras acciones, pueden ser el propulsor más poderoso de todos.

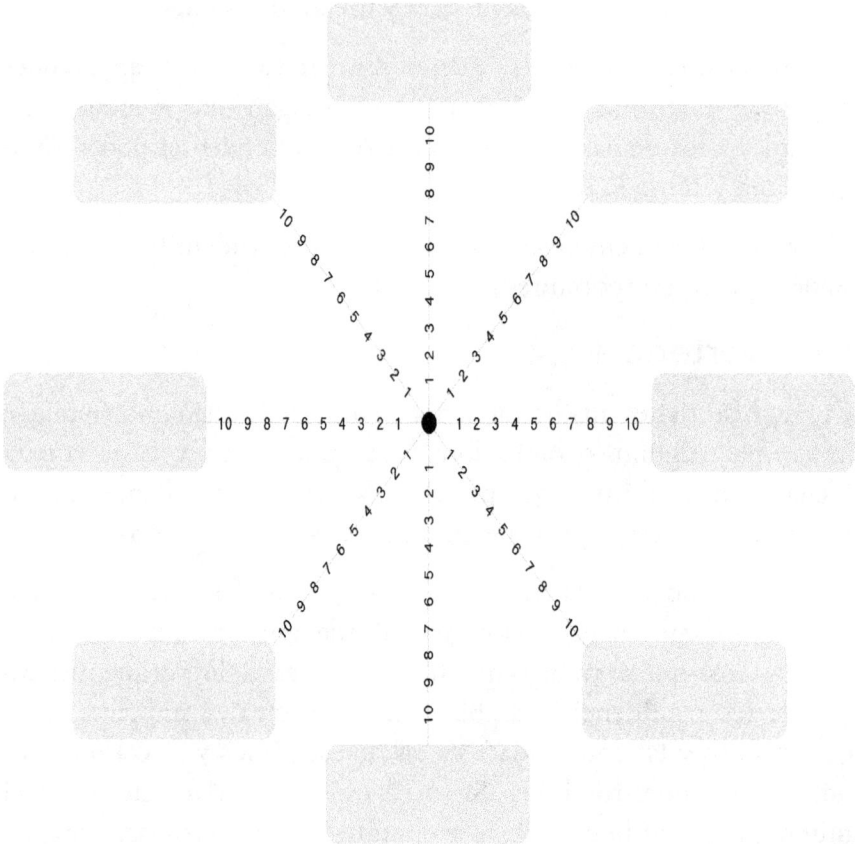

Diagrama 9.1

Mis valores

(Continuación)

Instrucciones:

1. Marque con un círculo 8 valores orientadores de la lista y luego escriba esos valores en los recuadros vacíos de más adelante.

2. Califique cada valor marcando con un círculo el número, siendo 10 lo más positivo, según cómo siente que está viviendo ese valor.

3. Conecte los puntos para ver en dónde está desbalanceado.

4. Ajuste su vida para que tenga más balance. ¿Cómo se ve su diagrama?

Aceptación	Creatividad	Intensidad
Afecto	Determinación	Intimidad
Alegría	Discreción	Justicia
Amabilidad	Diversidad	Lealtad
Amor	Diversión	Libertad
Ánimo	Educación	Liderazgo
Apreciación	Efectividad	Logro
Aprendizaje	Eficiencia	Motivación
Armonía	Empatía	Optimismo
Asertividad	Entusiasmo	Organización
Audacia	Excelencia	Pasión
Aventura	Familia	Perdón
Balance	Fe	Perseverancia
Calidad	Felicidad	Poder
Cambio	Fiabilidad	Puntualidad
Candor	Fidelidad	Recursividad
Cariño	Flexibilidad	Relaciones
Claridad	Generosidad	Resolución
Colaboración	Gozo	Respeto
Compasión	Gracia	Responsabilidad
Compromiso	Gratitud	Reto
Comunicación	Honestidad	Sabiduría
Comunidad	Humildad	Salud
Crecimiento	Incentivo	Seguridad
Confianza	Independencia	Servicio
Confidencia	Influencia	Trabajo en equipo
Consistencia	Innovación	Trabajo duro
Contribución	Inspiración	Tolerancia
Control	Integridad	Unidad
Coraje	Inteligencia	Valentía

Diagrama 9.1 (continuación)

LA MATRIZ DE MI HISTORIA

YO CREO			
Yo RECUERDO cuando			
Me ENSEÑARON			
Yo siento PASIÓN por			

Diagrama 9.2

Lecciones poderosas

- Las historias son la manera natural en la que nuestro cerebro organiza la información que le llega a diario.

- Las historias nos permiten construir un modelo simplificado de la realidad para hacer que el mundo que nos rodea tenga sentido.

- Hay siete tramas narrativas básicas en el arte de contar historias que se usan repetidamente, aunque cambiando los personajes.

- Nuestros cerebros deciden constantemente lo que es valioso y lo que no. Allí es donde el contar historias se convierte en una herramienta poderosa.

- Amamos las historias porque nos causan una respuesta emocional.

- Cuando alguien escucha una historia, está completamente presente. Tiene el mismo nivel de conciencia que si estuviera en una situación de vida o muerte.

- Las historias nos interesan por cómo nuestro cerebro lidia con la atención. Nuestros sentidos interpretan una historia casi como si fuera real.

- Si se establece confianza, las historias pueden influir en cómo piensan y toman decisiones las personas.

CAPÍTULO 10

LENGUAJE CORPORAL Y PRESENCIA

"Las personas promedio ven sin observar, oyen sin escuchar,
tocan sin sentir, se mueven sin tener consciencia física…
y hablan sin pensar".

—Leonardo da Vinci[1]

Su cuerpo lo presenta antes que sus palabras. Más que nunca, la gente de hoy en día se forma juicios rápidos basados en las primeras impresiones. Por eso el lenguaje corporal es central en el grupo de herramientas de la influencia.

Lo mismo es cierto para las señales no verbales, como el tono de voz, el contacto visual, la inflexión y cuán cerca nos paramos de alguien. Esas señales envían mensajes específicos que afectan nuestra influencia.

Entender estas señales que usted da y recibe requiere de autoconciencia, *mindfulness*, humildad, empatía, inteligencia emocional y disciplina: las habilidades básicas de liderazgo e influencia. La buena noticia es que esas habilidades pueden ayudarles a las personas a avanzar en la mayoría de las industrias, así como en sus relaciones personales. El lenguaje corporal puede ser la guía que nos ofrece pistas sutiles si aprendemos a escucharlo sin ninguna intención oculta ni ego.

El trabajo empieza por dentro

Hay herramientas, técnicas e incluso algunos secretos para tener un buen lenguaje corporal. Pero la realidad es que cuando hablamos con autenticidad y pasión, nuestros cuerpos saben exactamente qué hacer y cómo ser congruentes con nuestras palabras.

En estas páginas usted aprenderá cómo alinear su cuerpo con el movimiento natural y auténtico de un mensaje que es congruente con las palabras que se dicen de corazón.

Microexpresiones

El presidente de un gran banco estaba frustrado con su equipo de liderazgo porque no creía que se lo tomaran a él ni a su visión en serio. Me llevó para que lo ayudara a prepararse para transmitirle otro mensaje a su equipo.

Preparamos una cámara y él dio su discurso para que yo pudiera estudiar cómo lo estaba diciendo. Cuando empezó a hablar, noté algo interesante en su rostro, específicamente en su boca. Al principio no estaba seguro de qué se trataba, pero pasaba repetida e invariablemente cuando hablaba de cierta idea. Le hice zoom a la cámara para que se enfocara en su boca y seguí grabando.

También noté que, cada que hablaba de las proyecciones financieras, resollaba o se aclaraba un poco la garganta. Cuando vimos de nuevo el vídeo cuadro por cuadro para examinar las microexpresiones, vimos qué estaba sucediendo. Era algo tan rápido que a los ojos les costaba captarlo. Pero le garantizo que la amígdala (recuerde, es la parte del cerebro que monitorea los estímulos sensoriales para ver si hay amenazas) sí lo podía notar. Cada que habló sobre los números y resolló, pausamos la grabación. Lo mismo cada vez que fruncía el ceño.

El presidente quedó sorprendido cuando vio su expresión cada que hablaba sobre las cifras. Le pregunté si creía en los números que estaba compartiendo con su audiencia. Dio un paso atrás, bajó la cabeza y dijo: «no, me cuesta mucho creer en esos números porque no estoy seguro de qué le depara el futuro a este negocio».

Desde el corazón

Luego me preguntó si podía ayudarlo a cambiar la cara que estaba haciendo. Mi respuesta fue un «¡no!» enfático, pero le dije que podía ayudarlo a crear un mensaje sobre algo en lo que sí creyera. Cuando eso sucediera, su cuerpo lo seguiría. Una vez que alineó el mensaje con su convicción, los movimientos corporales fueron auténticos, las microexpresiones se alinearon y la presentación fue congruente.

Cuando el presidente le dio su mensaje a su equipo, conectó con ellos e incluso les reveló sus frustraciones. Su coraje para ser auténtico y transparente construyó confianza con el equipo y dio paso a una conversación más rica sobre el futuro del negocio. La ironía acerca de su coraje para ser transparente es que el equipo ya sabía cómo se sentía el presidente. La confianza no se creó solo porque compartió sus verdaderos sentimientos. En cambio, sus sentimientos verdaderos quedaron revelados por sus microexpresiones y la confianza se construyó gracias a la congruencia entre el cuerpo y el mensaje.

Lo mismo aplica para la gente que lo rodea. Aquellos que son cercanos a usted, que lo conocen bien, saben cuándo está siendo honesto con ellos y cuándo no. A veces es mejor hacerle un llamado de atención a alguien que no está siendo auténtico. De nuevo, las palabras clave aquí son *a veces*. Recuerde, estas herramientas son como lo palos de su bolsa de golf. Las técnicas que escoja dependerán de en dónde esté, con quién está, los niveles de confianza que existan o no, entre otras cosas.

Es fácil emocionarse por aprender *tips* de influencia porque pueden tener un impacto inmediato, pero lo animo a que se enfoque en el mensaje auténtico y que crea en aquello de lo que está hablando. En la mayoría de los casos, eso automáticamente crea un lenguaje corporal congruente.

Grábelo todo

Cuando tenía 18 años escuché el primer casete de un entrenamiento en ventas del ya fallecido Zig Ziglar. Dijo algo muy simple y profundo: si no tiene una grabadora de voz, no ha entrado al mundo de las ventas profesionales.

Es muy cierto. Si no graba sus presentaciones a menudo, se pierde de oportunidades de aprendizaje y crecimiento valiosas. Es una cosa intentar recordar lo que dijo y cómo lo dijo. Es otra cosa obtener retroalimentación sobre lo que dijo y cómo lo dijo. Pero es otra cosa completamente diferente el ver un video.

Cada equipo profesional de deporte revisa grabaciones semanales no sólo de ellos, sino también de su competencia. Analizan la grabación en detalle, jugada a jugada, y luego diseñan jugadas basándose en lo que es consistente y pensando en los siguientes partidos. Si se considera un profesional o aspira a ser uno en su campo, entonces lo animo a que practique esta misma disciplina.

Sea curioso

El lenguaje corporal puede ser peliagudo. Varios factores influyen en cómo interpretamos un lenguaje corporal específico, así que sea cuidadoso cuando haga juicios de valor.

Son pistas, no absolutos

Una regla sencilla es que las señales del lenguaje corporal deberían crear curiosidad, no conclusiones. Cuando somos curiosos, hacemos preguntas con sinceridad y con la mente abierta. Por ejemplo, cuando vemos a una persona con los brazos cruzados (a menudo una señal de combatividad), podemos preguntarle cómo se está sintiendo. Puede que nos responda que tiene frío o que quizás se siente incómoda. Esto debería volvernos más curiosos, así que ajustamos nuestra aproximación a escuchar más en lugar de transmitir nuestro mensaje antes de que nuestra audiencia esté lista para escucharlo.

Cuando hacemos juicios rápidos basándonos en muy poca información, nos volvemos molestos e intolerantes. Acusar a alguien de estar a la defensiva por una señal del lenguaje corporal no aumenta nuestra influencia. El objetivo no es leer el lenguaje corporal. El objetivo es conectar, tener empatía y confianza.

La curiosidad también funciona con la autorreflexión. Debemos preguntarnos a nosotros mismos por qué hacemos cierto movimiento y qué causa esas microexpresiones. Entonces, como el presidente de antes, podemos hacer los cambios internos necesarios para eliminar esos gestos reveladores.

El contexto importa

Como lo hemos discutido, hay muchos factores que contribuyen a impulsar nuestro comportamiento y afectar cómo sonamos para otras personas. El estrés afecta el lenguaje corporal y las señales no verbales. Lo mismo pasa con las enfermedades y los eventos emocionales, como un divorcio. Cuando estamos bajo presión para actuar o tememos perder nuestro trabajo, eso se nota también en cómo nos comunicamos.

Cuando se evalúa el talento, cada uno de nosotros debe decidir cuán crítico es actuar bajo presión para el trabajo y si eso puede aprenderse. Hablaré sobre herramientas para manejar el estrés más adelante.

Busque conjuntos

En lugar de emitir un juicio basado en una señal no verbal, busque conjuntos de información que demuestren congruencia o incongruencia con el lenguaje que se usa. Un simple ejemplo de esto es el uso del sarcasmo.

«Ah, sí, estoy súúúúper emocionado de estar aquí». Imagínese a un adolescente que prefiere estar con sus amigos diciendo eso en una cena familiar. La incongruencia es que las palabras dicen una cosa, pero el tono dice otra. Lo más probable es que a las palabras les siga una expresión de poner los ojos en blanco, posiblemente con los brazos cruzados y una pequeña expresión facial. Un conjunto así es bastante fácil de descifrar.

Lo están observando

Daniel Goleman, el autor de *Inteligencia emocional: por qué es más importante que el cociente intelectual*, dejó claro que los líderes son las personas más observadas y escuchadas de una organización. Describe a un líder resonante como una persona que entiende que su estado emocional, comportamiento, lenguaje corporal y actitud general son contagiosos e infectarán a la organización más rápido que un virus. Por lo tanto, deben trabajar diligentemente para aumentar su inteligencia emocional, de modo que puedan mantener a las personas enfocadas en lo que más importa[2].

Cuando nos enfocamos en el lenguaje corporal y las señales no verbales de otros, es fácil olvidar cómo nuestros comportamientos los afectan. Debemos ser diligentes y estar atentos a las señales que enviamos, así como a las que recibimos. ¿Son congruentes con los mensajes que estamos intentando transmitir? Un ejemplo común es el mantra de «mi puerta siempre está abierta» de los líderes, que caminan por los pasillos con la cabeza pegada al teléfono y sin hablar con nadie.

Si no le está prestando atención a su lenguaje corporal y no es consciente de sus tics o expresiones involuntarias, puede estar proyectando un mensaje opuesto al que quiere. Y eso puede impactar negativamente las ventas, los posibles ascensos, las relaciones e incluso su seguridad física.

La caminata por el pasillo

Alguna vez alguien me preguntó qué cosas escogería controlar o cambiar dentro de una organización que tuvieran el mayor impacto o influencia sobre un cambio. Mi respuesta fue simple. Las reuniones. Las reuniones suceden cuando todos están convocados, cuando se establecen unas normas culturales y se construyen o dilapidan relaciones.

Mientras trabajaba con el equipo de liderazgo de una compañía con un producto-mercancía de mil millones de dólares, les pregunté en dónde tomaban las decisiones que influían sobre la organización.

El equipo estuvo de acuerdo con que era en las reuniones. Luego les pregunté cuántas personas iban a esas reuniones. El consenso fue que unas 45 personas.

«Eso está muy bien», dije, «pero ¿qué hay de las otras 1.750 personas de la compañía? ¿En dónde interactúan con ellas?».

El equipo se quedó en silencio y con la mirada perdida. Finalmente alguien murmuró: «en el pasillo».

Mi siguiente pregunta fue: «¿cuál es su caminata por el pasillo? ¿Cómo camina usted por el pasillo? ¿Hace contacto visual con las personas? ¿Crea relaciones? ¿Reconoce a la gente? ¿Recuerda nombres? ¿O sencillamente va con la cabeza baja y apurado para llegar a la siguiente reunión?».

La discusión que surgió de allí llevó a la compañía a implementar una serie de iniciativas creativas para ayudar a los líderes y a los equipos a interactuar más a lo largo del día. Esa simple idea creó más autoconciencia en los líderes y las señales no verbales que quizás habían estado proyectando inintencionadamente mientras solo caminaban por el pasillo.

Preguntas críticas

El lenguaje corporal nos ayuda a descifrar cuatro preguntas críticas:

- ¿Están aceptando o rechazando la idea?
- ¿Les gusta o les disgusta la idea? ¿Les gusto o les disgusto yo?
- ¿Están enfocados o distraídos?
- ¿Están siendo honestos o mintiendo?

Estas preguntas y sus respuestas son claves para la habilidad de influenciar y liderar. Determinan el resultado de las interacciones, ya sea en una primera cita o en una segunda entrevista de trabajo. Las respuestas a estas preguntas pueden cimentar o destruir una propuesta para conseguir presupuesto. Cómo nos paramos, cómo usamos nuestras manos, en dónde enfocamos los ojos, cómo se nos mueve el rostro, qué estamos usando… todas estas señales no verbales determinan nuestro destino. Necesitamos ser intencionales y estar preparados.

Primeras impresiones

Es más, esas decisiones usualmente se toman en los **primeros tres segundos**. En ese punto, la mayoría de la gente ya ha decidido si usted les cae **bien** o **mal**. Es difícil influenciar a alguien a quien no le agrada.

El cerebro está diseñado para hacer juicios rápidos basándose en las primeras impresiones. El cerebro decide si le agrada alguien, si confía en alguien y si quiere trabajar por o con una persona, todo esto basándose en cómo percibió a ese individuo en un instante.

Eso puede sonar injusto, y lo es. Pero es la realidad, especialmente en el mundo digital de hoy en día. Más impresionante aún es que enfocamos nuestra energía en construir las palabras perfectas, pero las investigaciones demuestran que las palabras apenas pueden empezar a crear una imagen de lo que está pasando[3].

De hecho, el sonido de nuestras voces tiene un impacto mayor en las primeras impresiones[4].

Nuestras palabras habladas comunican información, pero nuestro lenguaje corporal y tono comunican nuestras actitudes, sentimientos y, al final, un significado. Debemos aprender a ver más allá de las palabras.

Habilidad aprendida

Sin lugar a dudas, las personas más exitosas son habilidosas para descifrar y manejar las señales que envían nuestros cuerpos. Los actores, por ejemplo, deben aprender a controlar su lenguaje corporal para convencer a las audiencias de que el papel que están representando es real. Cuando hacen bien el trabajo, suspendemos nuestra incredulidad y aceptamos que el actor de verdad podría ser el personaje.

En los negocios, necesitamos usar el lenguaje corporal apropiado para crear los sentimientos, señales y mensajes que queremos enviarles a nuestros colegas. Sin esa alineación (palabras y lenguaje corporal que transmitan el mismo mensaje), nuestra audiencia no confiará en nosotros. Puede que no tengan las palabras o el entendimiento consciente de por qué no confían en nosotros, pero sabrán que algo no les encaja.

Disfruto preguntándoles a otras personas si les gustaría leer mentes. Dejando de lado la negativa ocasional, casi todo el mundo responde que sí. Para entender y leer las mentes de las personas, debemos aprender a descifrar y leer sus cuerpos porque el cuerpo es una expresión de la mente.

Todos los detalles

El lenguaje corporal, después de todo, es la ventana más clara hacia nuestros pensamientos subconscientes. Debemos prestarles atención a sus detalles para entender lo que las personas están sintiendo de verdad o cómo están percibiendo nuestros mensajes.

Cuando se observa a dos personas teniendo una conversación, la mayoría de la gente tiende a mirar a quien habla. Aquí está el reto: la próxima vez que vea a dos individuos hablando, intente no observar al que habla, sino que intente observar discretamente a quien escucha. Esto indica cómo se está recibiendo el mensaje y ofrece información que la mayoría de las personas se pierden. Estos pequeños secretos pueden ayudarlo a volverse más efectivo conectando con la gente.

Lo que también es crítico entender es que el lenguaje corporal es una calle de doble vía. Mientras intentamos leer constantemente el lenguaje corporal de la gente (todas las señales, como la postura, el contacto visual y las microexpresiones), a veces nos olvidamos de que estamos enviándoles mensajes a otros que están intentando leernos consciente o subconscientemente.

No es una cuestión de si estamos enviando señales, sino de si estamos enviando las correctas. Si no prestamos atención y no somos conscientes de los tics o movimientos de lenguaje corporal involuntarios que tenemos, podemos proyectar un mensaje que no está alineado con lo que pretendemos decir. Eso puede afectar nuestras llamadas de ventas, entrevistas, primeras citas e incluso reuniones virtuales.

Los ojos

Todos hemos escuchado que los ojos son las ventanas del alma. En comunicación, son las ventanas al significado y una de las mejores maneras de indicar interés o desinterés. De hecho, enviamos más mensajes con nuestros ojos que con cualquier otra parte del cuerpo, razón por la cual los jugadores profesionales de póquer usan gafas de sol en los torneos. También sabemos que una sonrisa genuina sucede en conjunto con los ojos.

Nuestros ojos son unas de las herramientas más poderosas de nuestra caja de herramientas. Crean confianza y seguridad y pueden usarse para construir puentes con la gente. Cuando realmente nos importa la persona con la que estamos hablando, nuestros ojos revelarán esos sentimientos. Cuando nos sentimos apasionados por el tema de una presentación, los ojos nos brillarán y la audiencia verá eso. Estas respuestas psicológicas son virtualmente imposibles de falsear y, como lo mencionamos antes, ocurren cuando estamos siendo genuinos.

Primeras impresiones

Suponga que está en una visita de negocios con alguien a quien nunca ha conocido y aparece con gafas de sol y le entrega la propuesta. Eso no crea una gran primera impresión. En ese escenario, usted proyecta un marco que dice que se está escondiendo detrás de las gafas y que no está dispuesto a conectar.

Los ojos son una parte crucial de la conexión humana. Los micromovimientos de los ojos comunican significados y las personas quieren ver esos significados para conectar y confiar. Las personas que usan gafas deben temerle especialmente a esto. Quitarse las gafas durante los primeros minutos, o incluso segundos, de una reunión puede ayudarlo a conectar más rápidamente con su audiencia. Sólo toma de 7 a 15 segundos lograr una buena primera impresión. Hablaré de eso más adelante.

El efecto del brillo

En ciertas situaciones, especialmente en presentaciones y llamadas por video, las gafas crean reflejos y distorsiones que fácilmente desenfocan o impiden el contacto visual. Peor aún, algunas gafas pueden crear un reflejo chocante que moleste a los espectadores. (Nota para mí mismo: las cabezas calvas también pueden crear reflejos duros que molestan a la audiencia, especialmente en video).

Pruebe sus gafas frente a una pantalla para ver si proyectan algún brillo. En donde sea que haga videollamadas, intente grabar un video de usted mismo (incluso usando un celular con FaceTime u otra función) para estudiar la imagen que proyecta. Mueva su rostro hacia varias posiciones para ver cómo se ven sus gafas en la pantalla. Algunas formas y tamaños de gafas son menos reflectivos que otros. Algunas personas también tienen un par especial que es menos reflectivo y que está diseñado para presentaciones o videos.

Incluso las personas que necesiten sus gafas para ver bien deberían retirárselas inicialmente. Luego reclame este marco: después de que se hayan establecido las primeras impresiones, diga algo como: «es bueno conocerlos». Luego compense con una buena sonrisa y diga: «espero que no les causen muchos reflejos, pero necesito usar mis gafas para verlos. ¿Les parece bien?».

Lenguaje corporal digital

La pandemia no solo cambió la manera en la que trabajamos, sino también el mundo del lenguaje corporal. En el mundo híbrido actual de hoy, debemos considerar nuestro lenguaje corporal digital y cómo nos comunicamos a través de una pantalla. No hay mucho espacio incluso con dos pantallas: una para ver a su audiencia y otra con nuestra presentación.

En muchos casos, estamos enviando inintencionalmente un mensaje de desinterés porque estamos viendo el rostro de alguien en lugar de directo a la cámara. Además de eso, muchos de nosotros lidiamos con mala luz, audio pobre y, a menudo, una cámara mediocre.

Luces y sombras

Más allá de las gafas y el brillo, los chats por video son notorios por presentar a los participantes con una luz terrible, literalmente. Para conectar con una audiencia, deben poder verlo con claridad.

Desafortunadamente, a pesar de lo simple que suena, la luz apropiada se ignora a menudo. ¿Cómo se siente cuando le presentan a alguien en un lugar sombrío? Las posibilidades indican que pensará que esa persona es sombría también. Sin importar cuántas luces se necesiten para crear una buena iluminación para su espacio de videollamadas, consígalas. Otro tip de iluminación: siéntese frente a una ventana en lugar de tenerla a su espalda.

Posicionamiento

Para aquellos que piensan que este detalle no sirve para nada, de nuevo, sean estudiantes de sus propias experiencias. Experimente con diferentes luces y ángulos de cámaras mientras camina por ahí con la cámara frontal del celular. Se sorprenderá de cuán diferente luce dependiendo de la luz y los ángulos.

De nuevo, préstele atención a cómo aparece su imagen en la pantalla. Piense en cómo se siente en un video o en una videollamada cuando alguien sólo muestra una parte de la cabeza, quizás al fondo de la pantalla. Compare eso con cómo se siente cuando una cámara/pantalla está posicionada de tal manera que la persona llena la pantalla y tiene una presencia sólida. Si se fuera a tomar una *selfie* en un salón vacío, quizás no pondría una imagen pequeña de su cara en la esquina mientras el resto del encuadre está dominado por el techo. Pasa lo mismo con las presentaciones por video, los chats, las reuniones y las conversaciones personales por video.

Asegúrese de que su micrófono también está bien ubicado. Si está demasiado lejos o en el ángulo incorrecto, la audiencia se disociará de usted y su mensaje.

Piense en la imagen que quiere transmitirle a otros desde los primeros hasta los últimos segundos. Si puede ver el piso, el ángulo de la cámara está demasiado arriba.

Estas preocupaciones no reflejan una vanidad personal. Cada una se trata sobre contacto visual y el potencial de disociación. Si su audiencia se distrae, si no pueden oírlo o verlo con claridad, no lo escucharán. Y si no lo están escuchando, no pueden recibir su mensaje.

Las palabras no son suficientes

El significado que hay detrás de las emociones se entiende más fácilmente cuando se considera la regla de 7-38-55. Fue formulada por Albert Mehrabian, quien ahora es profesor emérito de psicología de la Universidad de California, en Los Ángeles, en su libro *Silent Messages*, de 1971.

La regla de Mehrabian afirma que 7% del significado se comunica a través de la palabra hablada, el 38% a través del tono de voz y el 55% a través de señales no verbales[5].

Yo me crie con este estudio. (En la imagen 10.1, vea la foto de mi madre usando la regla de Mehrabian en su trabajo para ayudar a unas organizaciones comunitarias del sur de la Florida).

El poder de la inflexión

Los números de Mehrabian nos ayudan a entender que el verdadero significado de la comunicación puede cambiar cuando el tono y el lenguaje corporal cambian. Por ejemplo, si dijera «yo no dije que él se comiera el pastel» sin ninguna inflexión única (énfasis en alguna palabra), es probable que usted me entendiera con claridad.

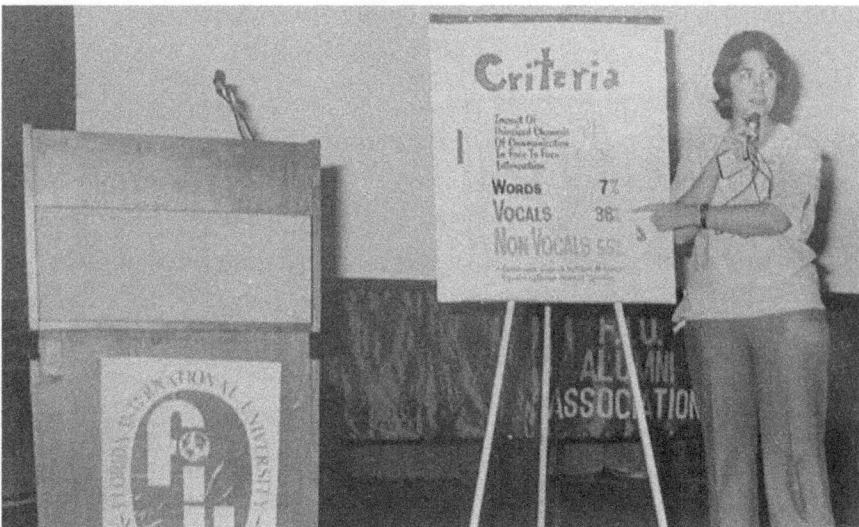

Imagen 10.1

Sin embargo, si cambiara mi tono y mi inflexión y enfatizara diferentes palabras, el verdadero significado de la frase cambiaría. Mehrabian dice que 38% del significado se comunica de esa manera. Intente decir en voz alta las frases de más abajo y haga énfasis en la palabra subrayada. Escuche la diferencia en el mensaje que se comunica.

1. **Yo** no dije que él se comiera el pastel.

2. Yo no **dije** que él se comiera el pastel.

3. Yo no dije que **él** se comiera el pastel.

4. Yo no dije que él se **comiera** el pastel.

5. Yo no dije que él se comiera el **pastel**.

Algo especialmente relevante para la discusión del lenguaje corporal es que Mehrabian descubrió que las señales no verbales componían el 55% del significado en la comunicación. De nuevo, como lo mencionamos, eso se apoya aún más por el hecho de que, cuando las palabras de alguien dicen una cosa y su cuerpo otra, es más probable que escuchemos o le creamos a su cuerpo.

Algo incluso más fascinante es que, cuando combinamos el tono y las señales no verbales, de acuerdo con los números de Mehrabian, eso suma el 93% del impacto sobre el significado emocional.

Las palabras aún importan

No obstante, una gran advertencia: a menudo el estudio de Mehrabian se cita inadecuadamente y se malinterpreta. Lo que su estudio significa es que si alguien tiene palabras geniales, pero sus señales no verbales o tono envían el mensaje equivocado, nadie se molestará en escuchar lo que tienen por ofrecer.

Entonces, si las reuniones de alguien son aburridas o si habla con un tono monótono, no espere que una audiencia escuche su mensaje sin importar cuán valioso sea.

Debemos aprender a ser dinámicos, a mover nuestros cuerpos de la manera adecuada, a entender las expresiones faciales y a manejar nuestro tono de voz. No queremos minimizar la importancia de las palabras con respecto al lenguaje corporal. Todas las señales tienen una función en la ecuación de la comunicación. El indicador más confiable del verdadero significado, no obstante, es la comunicación no verbal.

Autoconciencia y las pequeñas cosas

La autoconciencia también tiene un papel muy importante en la comunicación no verbal. Ver cómo suceden esas señales no verbales no siempre es fácil porque, a menos que nos grabemos a nosotros mismos o nos veamos al espejo, mucho de nuestro comportamiento es subconsciente.

Se necesita práctica

La buena noticia es que con práctica y disciplina, y grabándonos y revisando nuestras presentaciones, podemos desarrollar una conciencia aguda de nuestro lenguaje corporal. Que le den retroalimentación individuos en los que confía y a quienes respeta también ayuda.

Podemos aprender a controlar nuestro lenguaje corporal y ser más intencionales con nuestros movimientos, así como a aguzar nuestros sentidos para leer y responder al lenguaje corporal de los demás. Estos son los bloques que crean la base de la inteligencia emocional.

La manera en la que respondemos afecta nuestra marca personal, nuestras relaciones y nuestra habilidad para influenciar. Sin las habilidades y la consciencia, nos arriesgamos a poner en peligro aspectos importantes de nuestro éxito en la vida porque los dejamos en manos de los comportamientos subconscientes.

Las pequeñas cosas

Para dominar estas habilidades hay que prestarles atención a los movimientos, gestos y todas las cosas que normalmente parecen poco importantes, como comportamientos cambiantes y ligeras inflexiones de la voz, expresiones faciales e incluso la dirección en la que apuntan los pies de alguien. Todo eso nos da pistas sobre el mensaje que está intentando transmitirse y, más importante aún, de cuál es el significado del mensaje.

Está claro que no podemos controlar cada aspecto, así que debemos enfocarnos en lo que es práctico controlar: aquellos movimientos que hacemos regularmente en el día a día. Construimos una consciencia de cómo nos movemos, cómo nos paramos, de las expresiones faciales, el tono de voz y cómo respondemos ante otros.

No se puede fingir

La buena (o la mala, dependiendo de la perspectiva) noticia es que el lenguaje corporal no se puede fingir fácilmente. Considere todos los músculos voluntarios e involuntarios que tenemos en el cuerpo o tan solo en nuestras caras. Todo eso es imposible de controlar todo el tiempo.

Sin importar cuán bien alguien piense que está controlando su lenguaje corporal, cuán consciente y en sintonía está con su cuerpo, siempre habrá algo que se le *escape*. Esas son las señales y movimientos involuntarios, las pistas subconscientes o los *tells*, como se conocen en el póquer. Esos son los detalles que revelan los verdaderos sentimientos de alguien. Piense en términos del presidente del inicio del capítulo, cuyas microexpresiones revelaban sus verdaderos sentimientos sobre los números.

Pero la mejor parte (algunas personas dirían que es la más aterradora) es que todo sucede por fuera del reino de la consciencia. Estas son acciones subconscientes y nuestros cuerpos no nos piden permiso para enviar esas señales.

Por lo tanto, cuanto más sepamos del lenguaje corporal, más claramente veremos y entenderemos que es el indicador más confiable sobre los verdaderos significados, sentimientos, actitudes y emociones de una persona.

Practique como un profesional

Las investigaciones que examinan el significado que hay detrás de nuestros movimientos y expresiones faciales es limitado. En vez de eso, nos queda aprender por nuestra cuenta.

Como lo mencioné antes, la mejor manera de dominar los movimientos corporales es grabándose a usted mismo. O si la meta es mejorar su voz, grábese en vídeo también porque su postura y sus expresiones faciales afectan cómo suena. Cualquiera con un teléfono inteligente puede hacerlo hoy en día. Apoye el teléfono frente a usted o póngalo en un trípode y empiece a grabar. Intente hacer una presentación de ventas de prueba también.

Préstele atención a su apariencia, a cómo se para, cómo habla, el ángulo de su cabeza y sus manos. ¿Tiene movimientos nerviosos que distraigan a la gente de su mensaje o, peor, que envíen el mensaje equivocado? ¿Juguetea con las manos? ¿Cómo puede mejorar todo lo anterior? ¿Tiene el peso balanceado? ¿Se mueve de un lado a otro?

¿Se compraría algo a usted mismo? Si no, ¿por qué no? ¿Se escucharía? ¿Confiaría en usted? Todo esto contribuye al mensaje que le transmite a su audiencia.

Con el video no solamente puede ver cómo se mueve inicialmente, sino cómo responde a las diferentes señales y otras cosas que nunca notaría gracias a su propia autoconciencia.

Ya sea con video o audio, revísese y estúdiese críticamente. Luego inténtelo una y otra vez, practicando cómo mejorar.

Presencia

Sabemos que nuestros pensamientos afectan nuestros cuerpos. Cuando estamos tristes, nos encogemos, bajamos la cabeza y nos escondemos en nosotros mismos. Pero ¿qué hay de lo contrario? ¿Pueden nuestros cuerpos afectar nuestra mente? ¿Puede nuestra psicología afectar cómo nos sentimos?

Las investigaciones dicen que sí. Por ejemplo, una postura erguida es una señal y una proyección de energía positiva, mientras que ir encorvado es todo lo contrario[6].

Primero la postura

Una de las razones principales para enfocarse en la postura es que tenemos un control directo sobre ella. Cuando a alguien le piden que alce la mano derecha, asumiendo que no tiene una herida o una discapacidad que se lo impida, lo hace de inmediato. Pero no tenemos control directo sobre nuestro sistema nervioso, así que tomamos la aproximación indirecta a través del cuerpo.

Pensemos en términos de *logos* (lógica). Si cambiamos nuestro cuerpo, cambiamos nuestras emociones. Cuando cambiamos nuestras emociones, podemos cambiar las decisiones que tomamos. Cuando tomamos una nueva decisión para mejorar nuestras vidas, mejoramos la calidad de esas vidas.

Lo mismo aplica para una audiencia. Por eso les pido a mis audiencias que se levanten antes de empezar mis conferencias. La acción cambia la química interna de la audiencia y la despierta. Hacer que una audiencia se involucre físicamente es algo bueno. Hace que la audiencia se interese en el proceso, que mueva energía, que la sangre fluya y crea sentimientos positivos asociados con el mensaje del presentador.

Pasos de bebé

La presencia es una elección que requiere de consistencia a lo largo del tiempo. Los pequeños cambios acumulados a lo largo del tiempo dictan cómo nos sentimos. Nací con los pies curvados hacia adentro y tuve que usar zapatos correctivos cuando era niño. A lo largo de los años aprendí a forzar a mis pies hacia afuera, parándome conscientemente con el pecho henchido y manteniendo la barbilla en alto.

Con el tiempo, esos pequeños pasos se acumularon. Sin embargo, ya de adulto, debo ser consciente de cómo me paro.

No sea un traje vacío

Las redes sociales hacen que sea fácil escoger y subir lo que queremos mostrarle al mundo. Instagram es básicamente un lugar de momentos destacados. Pero, en persona, la gente puede ver a través de la charada y puede olerse una impresión manufacturada.

La presencia real proviene de una creencia firme en nosotros mismos. Esa confianza parece casual y natural porque lo es. No es fácil de lograr y a veces debemos forzar a nuestros cuerpos a posiciones de poder y presencia antes incluso de sentirnos poderosos. Pero esa disciplina es esencial para desarrollar la presencia con el tiempo.

Como lo mencioné antes, el mejor entrenador de básquetbol que tuve, Ricky Suggs, solía decirme: «un buen lanzador está enfocado o estará enfocado. ¡Siga lanzando!». Creo que esa filosofía también se aplica aquí. La presencia de un líder poderoso estará allí o eventualmente aparecerá, así que no pierda la fe.

Está bien sentirse nervioso

Le ponemos demasiada atención a intentar sobreponernos a los nervios por el miedo a parecer débiles o como que nos falta confianza. Pero la realidad es que la confianza y el estrés no son mutuamente excluyentes. Pueden coexistir y a menudo lo hacen.

Por ejemplo, el cuerpo puede comunicar que está nervioso mientras la persona pretende que está bien. Allí es cuando la audiencia pierde la confianza. La ironía es que la persona que admite sus nervios y continúa de todas maneras es vista no solamente como valiente, sino como alguien más confiado y de más confianza. El nerviosismo también puede ser atractivo y crea una conexión poderosa con la audiencia.

Hay estudios que demuestran que las personas poderosas tienen patrones de comportamiento comunes, que incluyen:

- Más contacto visual.
- Hablar más lento.
- Hacer pausas más a menudo.
- Ocupar más espacio físico.
- Sentarse y caminar con la espalda erguida y no encorvada.

Estas características deberían convertirse en una lista de tareas para las personas que quieren mejorar y desarrollar su presencia. A continuación encontrará algunos pasos útiles para su camino de crear una mejor presencia:

- Practique hacer más contacto visual en todas las conversaciones. Mantenga ese contacto visual por tanto tiempo como pueda sin hacer que la situación se vuelva incómoda o intimidante.

- Préstele atención al ritmo del discurso o presentación. Hágalo más lento para que tenga mayor control sobre su voz.

- Tenga en mente que es bueno hacer pausas poderosas en lugar de hablar sin parar y usar palabras de relleno.

- Intencionalmente, intente ocupar más espacio cuando se siente o se ponga de pie. No sea grosero ni molesto, sólo preséntese más grande y ancho. Muévase más y no tema ser más animado con sus brazos mientras cuenta una historia.

- Camine presentándose tan alto como pueda y con el pecho henchido. Practique y grábese para no verse ridículo. Con práctica y la mentalidad correcta, la postura se volverá natural y poderosa.

Estos cambios sutiles en su postura y caminar con más orgullo y fuerza liberarán hormonas que le darán más confianza y presencia.

De vuelta a lo básico

- *Sonría grande y con los ojos.*
- *Haga un contacto visual apropiado.*
- *Maneje una distancia cómoda.*
- *Siéntese y párese erguido.*
- *Mantenga sus hombros atrás y el pecho henchido.*
- *Eleve un poco la barbilla, pero no demasiado.*
- *Mantenga una postura balanceada y con los pies separados según la distancia de los hombros.*
- *Jamás se pare detrás de un atril para hablar.*

- *Haga movimientos que tengan el propósito de contribuir a su mensaje.*

- *Hable poderosamente, proyectando la voz.*

- *Use pausas para permitirle a la audiencia que se haga una imagen mental.*

El dilema de las manos

¿Qué debería hacer con mis manos? Todos hemos estado en esa posición, ya sea en una reunión en persona, en presentaciones o en videoconferencias. Las personas sencillamente no saben qué hacer con las manos o en dónde ponerlas mientras hablan con otras. Y, sí, hay posiciones correctas e incorrectas que transmiten el mensaje correcto o incorrecto.

La zona de influencia

Cuando se está en una reunión en persona, todo el mundo tiene lo que se conoce como la zona de influencia (vea el diagrama 10.2). Esa zona está frente a usted y se extiende hacia arriba, desde su ombligo hasta sus ojos. Cuando sus manos están en la zona de influencia, atrae más a las personas. Su mensaje se transmite. Si mueve las manos por fuera de la zona de influencia, quizás hacia los lados, pierde la influencia.

Un lugar óptimo para sus manos es la base principal: las manos juntas, con los dedos ligeramente entrelazados, centradas justo por encima o al nivel del ombligo, y los hombros rectos. Esa es la «base principal» porque una persona deja la base principal para usar sus manos y hacer gestos, pero luego regresa a la base. Esto le da un lugar para poner las manos mientras mantiene los hombros rectos y dentro de la zona de influencia.

Si un conferencista no usa las manos o hace movimientos incómodos con las manos, la audiencia lo catalogará como distante y frío, de acuerdo con un estudio que apareció en el *Leadership and Organizational Development Journal*[7].

ZONA DE INFLUENCIA EN PERSONA

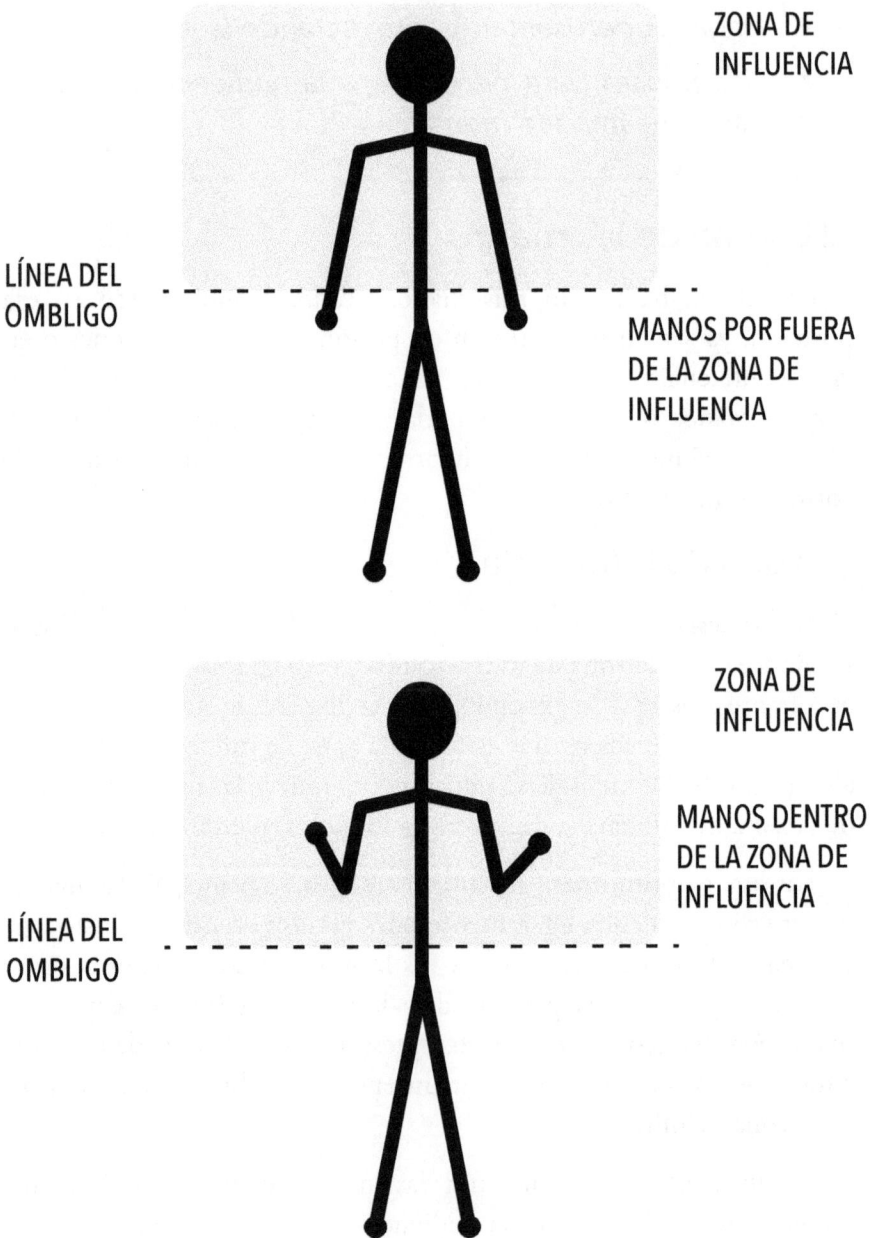

ZONA DE
INFLUENCIA

LÍNEA DEL
OMBLIGO

MANOS POR FUERA
DE LA ZONA DE
INFLUENCIA

ZONA DE
INFLUENCIA

MANOS DENTRO
DE LA ZONA DE
INFLUENCIA

LÍNEA DEL
OMBLIGO

Diagrama 10.2

Algunas cosas que no debe hacer con las manos:

- Usar gestos que apunten directamente hacia arriba, pues se interpretan como algo maquiavélico.

- Señalar con los dedos, pues eso transmite agresividad.

- Tamborilear con los dedos, pues es un distractor grande.

- Hacer puños, pues eso comunica estrés.

- Cruzar los brazos enfrente, pues eso habla de que usted está cerrado.

- Mantener los brazos sueltos a los lados, pues se ve descuidado.

- Masajearse las manos para calmarse, pues eso da pistas de que está nervioso.

- Meterse los dedos a las orejas, los ojos o la nariz, pues obviamente es asqueroso.

Todas estas posiciones de manos transmiten el mensaje incorrecto y ciertamente no son buenas para comunicarse o para cerrar un trato.

Zona virtual de influencia para videos

Debe entender también que, en un video o videollamada, en donde las manos no están visibles en la base principal, la zona de influencia cambia un poco. Dependiendo del tamaño de la imagen, puede que necesite mover sus manos hacia arriba.

Algunas veces podrá sentirse un poco como un Tiranosaurio Rex y eso está bien. Estudie su imagen en la pantalla y mueva sus manos un poco más arriba o abajo, según se necesite, manteniendo en mente que quiere presentar una imagen de comunicación y confianza.

Relájese

El fondo de todo esto es que necesitamos entender la imagen y la emoción que le transmitimos a nuestra audiencia. Primero tenemos que relajarnos y ser conscientes de cómo nos estamos proyectando.

La meta es dominar el escenario con su presencia y su postura y conectar con la audiencia a través del lenguaje corporal.

Estúdiese en el espejo. Mejor aún, grábese o tómese una *selfie*. ¿Qué ve? Su audiencia lo ve también y reacciona de acuerdo con ello. Si se ve tenso, su audiencia siente la tensión. Si se ve relajado, su audiencia ve eso también.

Usted es la diapositiva de PowerPoint...

El PowerPoint al que me estoy refiriendo no es el programa de diapositivas de Microsoft en el computador o algo físico. Es usted, el comunicador e influenciador. Usted es el PowerPoint y tiene los ojos encima.

...y a la vez no

A diferencia del PowerPoint de Microsoft con las pequeñas animaciones que todo el mundo ama, las animaciones que nosotros presentamos frente a otros no son tan populares. De hecho, son distracciones.

Son los tics nerviosos y los cambios que distraen a la audiencia en una presentación o una discusión de uno a uno. Quizás es un cambio inconsciente de peso de un lado a otro. O tal vez es un movimiento del pelo o de la cabeza, la pérdida del contacto visual o mirar al piso. Jugar con un lapicero, lápiz u otro objeto también es una acción subconsciente.

Sean cuales sean las animaciones personales de alguien, todas son irritantes y pueden hacer que una audiencia se disocie y pierda el interés. Y si no están interesados, no lo están escuchando. Y si no lo están escuchando, usted no está influenciando como conferencista.

Cuando pasa a un nuevo tema, cambia la diapositiva de la presentación. Si usted es el elemento visual de la presentación, entonces mueva el cuerpo a una posición diferente en el escenario o en el salón en donde está hablando.

Muy a menudo los conferencistas tienen cemento en los zapatos y jamás se mueven. Use el escenario con propósito y coordine sus movimientos para que se vean suaves.

Exilie los irritantes

La buena noticia es que puede aprender a controlar estas animaciones molestas. De nuevo, se trata de tener autoconciencia. Primero, présteles atención a sus animaciones. Piense conscientemente en ellas y descifre cómo exiliarlas o controlarlas.

Cuando aprenda a calmarse y a sentirse cómodo enfrente de audiencias, podrá controlar mejor esas animaciones.

Lecciones poderosas

- Las personas hacen juicios rápidos basándose en las primeras impresiones. Por esa razón el lenguaje corporal es vital en el conjunto de herramientas para la influencia.

- Las señales no verbales, como el tono de voz, el contacto visual, la inflexión y cuán cerca nos paramos de alguien, son pistas que comunican mensajes específicos y afectan nuestra influencia.

- Busque conjuntos de señales no verbales antes de hacer un juicio.

- Los ojos son las ventanas hacia lo que comunicamos.

- En el mundo virtual e híbrido de hoy en día, debemos considerar nuestro lenguaje corporal virtual y cómo nos comunicamos a través de una pantalla.

- La autoconciencia tiene un papel muy importante en la comunicación no verbal.

- Debemos aprender a prestarles atención a los movimientos, gestos y todas las cosas que normalmente no parecen importantes, como los comportamientos cambiantes y los cambios ligeros de voz, las expresiones faciales e incluso la dirección en la que apuntan los pies. Estas son pistas del mensaje que se está intentando comunicar y, más importante aún, del significado del mensaje.

- Con un video no solamente puede observar cómo se mueve inicialmente, sino cómo responde a diferentes señales y otras cosas que jamás habría notado sólo con la autoconciencia.

- La presencia real proviene de una creencia firme en nosotros mismos. Esa confianza parece casual y natural porque lo es.

- La confianza y el estrés pueden coexistir y lo hacen a menudo.

- Un lugar óptimo para sus manos es la base principal: las manos juntas, con los dedos ligeramente entrelazados, centradas justo por encima o al nivel del ombligo, y los hombros rectos.

- Necesitamos entender la imagen y la emoción que les transmitimos a nuestra audiencia. Primero debemos relajarnos y ser conscientes de cómo nos estamos proyectando.

- El objetivo es dominar el escenario con su presencia y postura y conectar con la audiencia a través del lenguaje corporal.

CAPÍTULO 11

COMUNICACIÓN INTERPERSONAL: 'LOVE' Y OTRAS COSAS

*"El principal problema de la comunicación
es la ilusión de que ya ha sucedido".*

—George Bernard Shaw, dramaturgo y autor irlandés[1]

No todo el mundo quiere pararse frente a cientos o miles de personas e influenciarlas con un mensaje. Pero todos queremos influenciar a alguien en situaciones de uno a uno. Ya sea un padre intentando conectar con su hijo, un profesor con un estudiante, un gerente con un empleado, un pretendiente potencial con la persona que le interesa, dominar el arte de la conversación tiene un impacto masivo sobre las relaciones y la habilidad para influenciar.

Desafortunadamente, la habilidad de cómo ser un buen conversador se volvió un arte olvidado para muchos. A menudo los profesionales con los que trabajamos quieren saber sobre más y mejores formas de conectar y conversar con otros. Por eso he desarrollado una secuencia natural de cómo conectar con otros de una manera cómoda. Cuando dominemos este arte, podremos tomar una relación fría y mejorarla relativamente rápido.

Una secuencia poderosa que sigue lo que los mejores comunicadores hacen se centra por completo en LOVE (por sus siglas en inglés). Es un acrónimo para:

- Escuchar.

- Observar.

- Validar.

- Expandir[1].

Antes de que hablemos de LOVE, veamos más de cerca la comunicación misma.

El reto de la comunicación

La comunicación hace parte de todas las interacciones humanas. Por eso la gente quiere volverse mejor al comunicarse. Pero la comunicación es dura. Y, como lo hemos mencionado, es aún más dura cuando estamos bajo estrés. Aun así, muchos de nosotros pensamos que somos grandes conversadores sin importar en qué circunstancias estemos.

Es personal

¿Qué tan bien nos comunicamos? La mayoría de las personas responden a esa pregunta con un balance positivo de sus habilidades mientras, al mismo tiempo, se muestran abiertas a aprender más.

Vea su nivel de habilidades de otra manera. ¿Qué diría su pareja, compañero de trabajo, hijo, amigo, jefe o cliente sobre la efectividad de su comunicación? En lugar de una respuesta rápida, considere si esa persona siquiera le diría la verdad. Si así lo cree, siga leyendo.

Primero debemos ser conscientes de que, sin importar cuán buenos comunicadores creamos que somos, la realidad es que somos poco efectivos en la comunicación. Para entender de verdad eso, debemos reconocer lo que a menudo pasa desapercibido.

El concepto de la *comunicación* ha sido tan ampliamente discutido, malentendido y usado en exceso que se ha vuelto casi un cliché. El

---

1 Nota de la traductora: el acrónimo funciona en inglés para formar la palabra LOVE (AMOR) porque los elementos son *listen, observe, validate, expand*.

director cinematográfico Stanley Kubrick, del siglo XX, compartió cuál es el reto de base cuando se lidia con clichés: «si puede hablar de una forma brillante sobre un problema, se puede crear la ilusión de consuelo de que se ha dominado»[2].

En otras palabras, cuando se trata de la comunicación, la mayoría de nosotros podemos hablar mucho, pero en términos de conversión, los estudios y la experiencia demuestran que no nos va tan bien la mayoría del tiempo.

Entendiendo el problema

Antes de que ahondemos en lo que debe cambiar, examinemos el problema. El diccionario define la comunicación como el acto o proceso de usar palabras, sonidos, signos o comportamientos para expresar o intercambiar información o para expresarle sus ideas, pensamientos o sentimientos a alguien más[3].

Por definición, nos comunicamos todo el tiempo. Los teóricos en relaciones públicas James E. Grunig y Larissa A. Grunig definen la *comunicación excelente* como la comunicación que se maneja estratégicamente, cumple objetivos y balancea las necesidades de la organización y las necesidades de personas clave con una comunicación simétrica de doble vía[4].

Sin embargo, esa definición no nos ayuda a entender la dificultad de ser percibidos como comunicadores efectivos.

La ilusión

Cuando combinamos la sabiduría de Kubrick con la de Shaw, nos queda claro que la mayor amenaza para la comunicación yace en nuestras percepciones, que nos engañan para pensar que nos hemos comunicado efectivamente o hemos entendido algo con claridad. Lo peor de esto es que las percepciones crean nuestra realidad. En otras palabras, si no somos diligentes al mantener un alto nivel de autoconciencia, jamás sabremos cuando nos estemos comunicando mal.

FILTRO PERSONAL

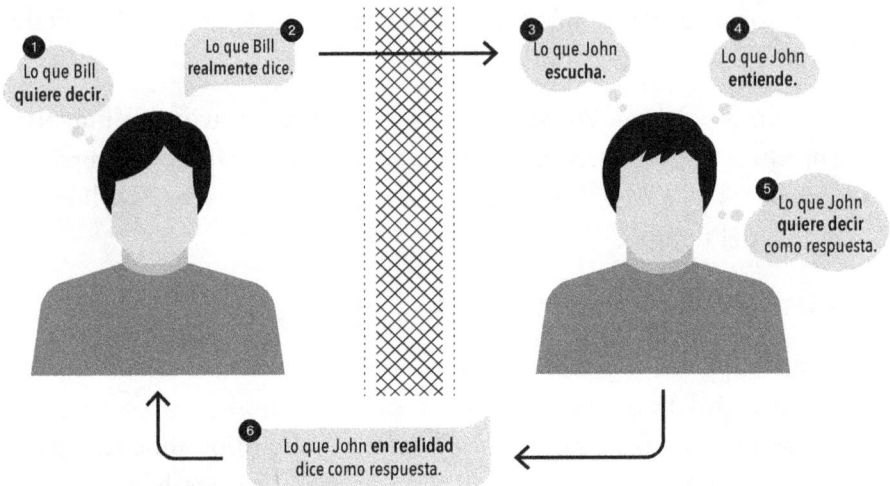

Estudie esta conversación simple entre Bill y John. Si, en algún punto del proceso, un paso se interrumpe, se crea el potencial para que haya una mala comunicación.

Entonces el reto se convierte en cómo arreglar algo que la mayoría de nosotros no es consciente de que existe. Todo empieza con el hecho de que mucho de lo que damos por sentado, incluido cómo nos comunicamos, se hace muy complejo con frecuencia cuando lo analizamos. Por ejemplo, cada que comunicamos algo, existen seis puntos de revisión en nuestro cerebro por los que el mensaje debe pasar antes de que se transmita por completo. En cualquiera de estos puntos el mensaje puede pasar con normalidad como se pensó o distorsionarse. Los puntos de revisión son:

1. Lo que **quiero** decir.

2. Lo que **en realidad** digo.

3. Lo que la otra persona **escucha**.

4. Lo que la otra persona **entiende**.

5. Lo que la otra persona **quiere decir como respuesta**.

6. Lo que la otra persona **en realidad dice como respuesta**.

Y eso es sólo para intercambiar un pensamiento. Una conversación típica incluye docenas, si no cientos, de intercambios de una persona a otra, cada uno con el potencial de que se pierda el mensaje.

Un mensaje perdido conlleva más malentendidos, lo cual puede distorsionar aún más el mensaje. Todos hemos visto o participado en el juego del teléfono roto, en donde un mensaje empieza siendo una cosa y termina sonando completamente diferente al original.

Filtros y más

Instagram se tomó el mundo entero cuando introdujo los filtros que nos convirtieron a todos instantáneamente en fotógrafos profesionales. Luego los filtros nos dieron la habilidad de transformar cómo se veían nuestros rostros. Básicamente podíamos escoger cualquier apariencia. ¿Tiene un granito? No pasa nada, existe un filtro para eliminarlo. ¿Quiere tener la piel un poco más oscura? Existe un filtro para eso. ¿Quiere tener la mandíbula más demarcada? También existe un filtro para eso.

Ahora podemos distorsionar cómo las personas perciben nuestra estética siempre y cuando no nos vean en persona.

Desde un punto de vista personal

La comunicación interpersonal tiene filtros que logran lo mismo, pero que también incluyen lo que decimos y cómo nos perciben holísticamente. Su filtro personal es la manera en la que ve, se involucra y entiende el mundo que lo rodea por dentro y por fuera.

Esos filtros son el resultado del marco que construye y cómo interpreta el mundo. De una manera similar a cómo los filtros de Instagram cambian la foto original, los filtros personales pueden distorsionar por completo el mensaje inicial. Lo que hace de esto un reto es que hay una miríada de factores que entran en la ecuación.

Los filtros impactan todo lo que escuchamos, leemos y consumimos en la vida. Los pesimistas ven los eventos a través de un lente negativo, creando una realidad negativa. La gente que ve el mundo a través de un lente optimista tiene más probabilidades de encontrarle el lado bueno incluso al momento más difícil.

Los filtros también afectan cómo explicamos la vida y los acontecimientos. Las narrativas que nos contamos a nosotros mismos tienen un papel muy importante en nuestra felicidad y habilidad para lidiar con los inconvenientes del día a día. Si creemos que estamos saludables, tomamos decisiones saludables y tenemos un comportamiento saludable porque hace parte de nuestra historia saludable. Esta narrativa personal de ser saludable afecta la forma en la que interactuamos con el mundo y eso influencia la manera en la que lo vemos. Es un ciclo que se perpetúa a sí mismo y que empieza con nuestro primer pensamiento.

Filtros en la comunicación

Asumamos que Lynn es una comunicadora excelente y que puede traducir lo que *quiere* decir a lo que *realmente* dice. Esa información aún debe pasar por los filtros personales del oyente. Esos filtros crean una barrera invisible que puede distorsionar incluso un mensaje aparentemente claro de Lynn.

Los filtros comunes incluyen el estado emocional, el fondo cultural, el contexto situacional, las creencias personales y el nivel de estrés del oyente. Estos filtros influenciarán la percepción y la interpretación del mensaje de Lynn, lo cual resultará en una comunicación clara o en una distorsionada.

Examinemos los filtros personales más de cerca.

Estado emocional

Siempre nos encontramos en un estado emocional. Cómo afecta eso nuestra habilidad para interpretar lo que escuchamos y cómo reaccionamos al mensaje depende del estado emocional del momento: alegre, ansioso, molesto, expectante, emocionado, triste, entre otros.

Cuando nos encontramos molestos o ansiosos es mucho más difícil recibir ideas nuevas. Por el contrario, cuando nos sentimos alegres o expectantes, escuchamos mejor y es más probable que aceptemos ideas razonables si se nos presentan bien.

Fondo cultural

La historia personal, el país, el estado, la ciudad de origen y la crianza tienen un impacto enorme sobre nuestros filtros. Los diferentes acentos o elecciones de palabras pueden confundir el entendimiento de conceptos difíciles, así como la interpretación de eventos, tonos, expresiones faciales y demás. Cuando formulemos mensajes importantes, debemos considerar las culturas, las costumbres y las historias que son diferentes de las nuestras.

Contexto situacional

Las experiencias recientes y los factores ambientales también influyen en la manera en la que recibimos los mensajes. A diferencia de las emociones, el contexto situacional involucra elementos externos al oyente. Eso incluye cómo se presenta un mensaje y qué se dijo o hizo previamente. Por ejemplo, un salón que es demasiado ruidoso, oscuro, frío o incómodo distraerá la atención de los oyentes. ¿Recuerda antes cuando estaba haciendo una presentación en una reunión de almuerzo ruidosa y reclamé el marco al hacer que la audiencia distraída me escuchara?

Creencias personales

En la vida, todo lo que experimentamos está relacionado con experiencias pasadas. Cuando entendemos una idea o concepto es porque estamos relacionándolo con algo de nuestro conocimiento pasado. Las experiencias realmente nuevas son algo poco común.

Tenemos creencias centrales que dictan la forma en la que escuchamos, percibimos e interpretamos lo que oímos. Por eso es importante ser consciente de las creencias personales de nuestro oyente. Debemos seleccionar nuestras palabras con cuidado y crear presentaciones y comunicaciones que puedan tocar a nuestros oyentes en un nivel emocional profundo, que es en donde se logra la comunicación más efectiva.

Nivel de estrés

Bajo estrés, nuestro cerebro se vuelve altamente selectivo con lo que nos permite percibir. Este fenómeno, aunque nos protege del peligro físico, puede hacer que escuchar e interpretar bien lo que se está diciendo sea difícil.

Un ejemplo de cómo nuestros filtros personales afectan el mensaje se puede ver en los aficionados en un evento deportivo. Todos hemos visto cómo un árbitro toma cierta decisión y hemos notado cómo reaccionan los aficionados. El aficionado del equipo que se beneficia dice que fue justo y que se tomó una buena decisión, mientras que el aficionado del equipo penalizado juzga esa decisión como una horrible e incorrecta.

Son dos grupos de personas que reciben el mismo mensaje, pero que tienen interpretaciones y reacciones subsecuentes opuestas. Lo mismo sucede con la política. Un evento se filtra a través de diferentes partidos políticos y termina enviando un mensaje diferente a cada bando.

¿Contramedidas?

Los filtros son fuertes. Debemos reconocer eso y entender que los diferentes oyentes no siempre escuchan el mensaje que el orador pretendía transmitir. Aunque es imposible quitar estos filtros por completo, podemos mitigar su influencia.

Considere esta analogía del mundo de las matemáticas. ¿Cómo sabemos que $2 \times 3 = 6$? Podemos revisar nuestra respuesta si hacemos $6 \div 3 = 2$.

Entonces, ¿cómo podemos revisar nuestra *comunicación* para asegurarnos de que nuestro mensaje se transmitió bien? Para asegurarnos de que nuestro mensaje es recibido como se pretende, nuestra audiencia/oyente debe repetirnos el mensaje de alguna manera.

Estar en lo correcto *vs.* ser escuchado

La mala comunicación a menudo es causada por malinterpretar las necesidades previstas de la gente.

Asumimos que la gente necesita sentirse como que siempre está en lo correcto. Pero después de años de facilitar miles de conversaciones, he aprendido que esa es una suposición errónea. En su lugar, la gente realmente quiere sentir como que la escuchan. Eso sólo lo pueden determinar ellos, no nosotros.

Para que eso suceda, debemos darle espacio a alguien para que confirme o niegue que nos han escuchado y, si no ha sucedido, darle la oportunidad de intentarlo de nuevo. Eso suena bastante fácil y lo es *si* no hay estrés de por medio. Después de todo, cuando no estamos estresados, las conversaciones son fáciles. El valor real de este conocimiento es aparente cuando estamos estresados.

Imagínese que está molesto y que alguien se queja de que no lo está oyendo o escuchando. ¿Tiene la madurez emocional, la disciplina, la inteligencia o incluso la gracia en ese punto para dejar de lado lo que está sintiendo para asegurarse de que la otra persona se sienta escuchada? En la vida real, la mayoría no podría hacerlo. Pero si el objetivo es que la gente lo escuche y si usted puede ver más allá de ese momento de resistencia, un tema del que hablaré en el capítulo 12, entonces quizás la mejor estrategia sea dejar de lado sus sentimientos personales por un momento. Ya sea que lo haga o no, es importante entender qué está pasando. Si su objetivo es la influencia, solo existe una buena decisión: haga que su audiencia se sienta escuchada primero.

Tips para una comunicación efectiva

- **Haga preguntas aclaratorias:** además de indicar interés y atención, estas preguntas pueden aclarar el significado y pueden desenterrar múltiples mensajes. Algunas aproximaciones que crean claridad son:

  ▲ No estoy seguro de haber entendido.

  ▲ ¿Qué fue lo que acaba de decir?

  ▲ ¿A qué se refiere con…?

- **Parafrasee:** no asuma que entendió lo que se dijo. Parafrasee para probar si escuchó bien y para demostrar la profundidad de su entendimiento. Por ejemplo:

  ▲ ¿Se refiere a que…?

- **Repita lo que escuchó:** en una situación estresante, no abuse de la paráfrasis. Intente ser literal y siempre pregunte: «¿estoy en lo correcto?» o «¿es eso correcto?». Dele a la otra persona la oportunidad de responder. Hemos hecho este ejercicio con más de 100.000 personas y casi todos quedaron sorprendidos por cuán a menudo la respuesta fue no. Una de las reacciones más comunes fue: «nunca supe cuán difícil era escuchar de verdad».

- **Revise la percepción:** recuerde que las personas también comunican sentimientos a través del lenguaje. Una revisión de la percepción no debería expresar aprobación o reproche por los sentimientos de alguien, sino más bien expresar un entendimiento de esos sentimientos. Por ejemplo, Jim dice: «me da la impresión de que está aburrido. ¿Estoy en lo correcto?». Y Bill responde: «no, hace mucho calor aquí y estoy incómodo. Por eso no paro de moverme».

- **Escucha atenta y activa:** esta clase de escucha requiere de práctica y es una habilidad de comunicación esencial. La práctica perfecta de escuchar activamente involucra responder con expresiones faciales, contacto visual e interés obvio. Para demostrar su interés, use las siguientes frases:

  ▲ Ya veo.

  ▲ Sí.

  ▲ Por favor, continúe.

Comunicación uno a uno

Todos hemos conocido a alguien que es un gran conversador. El tiempo se pasa volando, nos reímos, ahondamos, conectamos, discutimos temas importantes y salimos mejores de ese encuentro. Se construye confianza y nos sentimos ansioso por hablar de nuevo. ¿Se trata de magia? ¿De química aleatoria? ¿O acaso es una fórmula?

Después de estudiar la comunicación por muchos años y de practicarla con miles de personas, creo que detrás de todo eso hay una fórmula y una secuencia. Recuerde, la secuencia correcta para conectar se centra en LOVE, un acrónimo (por sus siglas en inglés) para:

- Escuchar.

- Observar.

- Validar.

- Expandir.

La comunicación es un tema amplio, así que enfoquémonos en una parte: las conversaciones uno a uno. Algunas personas se refieren a esto como el arte de ser un buen conversador.

Aprendí cuán importante es esta habilidad después de pasarme años viajando por el país y entrenando a profesionales de ventas para que supieran cómo hacer llamadas en frío. Yo disfruto de las llamada en frío porque, cuando entendemos por qué son frías, podemos mejorarlas sustancialmente con unos ajustes menores de aproximación, lenguaje y, más importante aún, filosofía personal.

Miedo al rechazo

La razón principal por la que las personas no logran más de lo que quieren en la vida es el temor al rechazo. Eso es especialmente cierto en las ventas y las citas. También sucede cuando está llamando al gran prospecto que podría cambiarle su carrera o teniendo una conversación simple con esa persona que le llamó la atención en el supermercado.

Ambas situaciones crean el mismo torbellino químico interno que nos deja sin palabras y sonando como idiotas. Para la mayoría de las personas, el resultado temido es completamente debilitante y les impide aproximarse a lo que quieren.

Usted crea el miedo

Analicemos por qué el rechazo es siquiera parte de la ecuación de la comunicación.

¿Por qué nos sentimos perfectamente cómodos hablando con nuestros amigos en una *happy hour*, pero nos derrumbamos si nos piden que digamos lo mismo en un salón lleno de gente? ¿Por qué podemos acercarnos a un desconocido en una tienda para pedirle indicaciones sin problema, pero si nos gusta mucho alguien y queremos entablar una conversación, todo nuestro comportamiento cambia? Las respuestas a esas preguntas están basadas en el hecho de que, en un escenario, tenemos un propósito oculto y en el otro no.

El propósito oculto

La gente me pregunta todo el tiempo si los principios AMPLIFII™ funcionan con las citas. Y la respuesta es: «absolutamente». Ese comentario casi siempre surge de una conversación que, en esencia, afirma que: «los chicos buenos acaban de últimos». La realidad es que los «chicos buenos» no acaban de últimos. Los «chicos buenos» son mentirosos pasivos y manipuladores.

Ese es un hecho difícil de digerir para mucha gente. La razón por la que son mentirosos pasivos y manipuladores es porque esperan que ser buenos les gane algo a cambio. Si me retan, yo sencillamente les pregunto por qué escogieron ser buenos con una persona y no con otra. Allí es cuando dejan caer los hombros y se dan cuenta de que quizás esta aproximación pasiva e inintencionalmente manipuladora no los va a llevar muy lejos.

Los humanos tenemos una aversión hacia cualquiera que intente esconder sus verdaderas intenciones detrás de un comportamiento falso. Lo mismo es verdad cuando un agente de ventas hace una llamada en frío. El prospecto puede olerse la falsedad a kilómetros de distancia. Lo mismo sucede cuando un niño necesita algo de un padre y actúa con una dulzura inusual. Estamos programados para detener este comportamiento de inmediato.

Los líderes caen en esta trampa todo el tiempo cuando están hablando con sus equipos. La fachada frente a un grupo, que no encaja con las experiencias uno a uno, es una manera segura de destruir la confianza y la credibilidad (*ethos*).

Deje de intentar agradarle a todo el mundo

La razón por la que no estamos estresados y no nos sentimos rechazados en una *happy hour* con nuestros amigos es porque no estamos intentando agradarles. La razón por la que le pedimos indicaciones a un desconocido es porque no tenemos el objetivo oculto de pedirle una cita. Cuando eliminamos ese elemento oculto, el miedo al rechazo se desvanece mágicamente.

Podemos resumir la mayoría de los ejemplos de arriba y la mayoría de las conversaciones fallidas con el objetivo oculto de una persona intentando agradarle a otra. Cuando una persona entra a una conversación con el objetivo de agradar (consciente o subconscientemente), la conversación asume otra forma de manera inherente. Cuando nombrar a personas importantes, alardear con humildad, dar referencias y otras formas de decir «espero agradarle» dominan la conversación, se deja poco espacio para la conexión y le abren la puerta al rechazo.

Empiece por hacer que le gusten las personas

Para conectar auténticamente con otros, este proceso requiere de que nosotros dejemos ir la necesidad de agradar y empecemos a hacer que nos gusten *proactivamente* las personas. Si entramos a una conversación con la intención de encontrar una razón para que alguien nos caiga bien, la dinámica cambia. Nuestro tono, línea de preguntas, ritmo y habilidad para escuchar se hacen diferentes y la otra persona lo siente.

Debido a que no estamos intentando obtener algo y no estamos pidiendo nada, no hay nada que rechazar. Si no hay nada que rechazar, entonces no hay nada que temer.

Muchos estudios examinan por qué tendemos a sentirnos más cómodos alrededor de personas a las que les agradamos. Las razones van desde la validación consensual, los lugares comunes compartidos y la certeza de que agradamos, hasta un mayor nivel de diversión, interacciones más disfrutables y la habilidad de ser más como nosotros mismos. Todas estas razones vuelven a aquello que aprendimos al inicio de este libro: la sensación de seguridad.

El método LOVE

En este momento ya está claro que nuestra habilidad para conectar con los demás es una parte muy importante de la influencia. Por lo tanto, con frecuencia, cuando trabajamos con profesionales, ellos quieren conocer más y mejores formas de conectar y conversar con más gente.

¿Qué es?

Me inventé el método LOVE después de años de gente preguntándome cómo es que puedo conectar con las personas tan rápido. Me di cuenta de que había cuatro cosas en secuencia y en repetición que hacían la diferencia. Y noté que los mejores líderes, gerentes, padres, profesionales de ventas y conversadores hacían lo mismo.

Esto se aplica a cualquier conversación. Cuando dominamos este proceso, podemos tomar una relación fría y mejorarla relativamente rápido. Podemos tomar relaciones actuales que quizás estén estancadas y revitalizarlas. Las aplicaciones son infinitas.

El método LOVE, como lo mencioné antes, consiste en:

- Escuchar.

- Observar.

- Validar.

- Expandir.

Esto suena relativamente sencillo y fácil. Pero seguir el proceso secuencial y hacerlo de la manera correcta es duro y, como siempre, requiere de práctica. También involucra desaprender lo que ya sabemos y hacemos.

Escuchar

Uno de los más grandes errores que comenten las personas de negocios como comunicadoras es que se olvidan de escuchar y de oír de verdad lo que sus clientes dicen. Cuando escuchamos de verdad, podemos formular una mejor respuesta. Como lo mencioné antes, no podemos plantar semillas en cemento. Necesitamos crear una base primero.

Podríamos tener todo un libro sobre el arte de escuchar. Piense en todas las emociones que están involucradas, en el lenguaje corporal y en las distracciones que nos alejan de ser capaces de escuchar con empatía.

Mente clara

Uno de los secretos para escuchar es la habilidad de despejar nuestras mentes y escuchar sin ningún motivo oculto. Eso quiere decir que, en lugar de hacer lo típico de preparar una respuesta mientras alguien habla, deberíamos escuchar lo que nos está diciendo. Después de todo, a eso es a lo que todos aspiramos en el estudio de la influencia. Queremos que la gente escuche nuestros mensajes. No podemos esperar que otros nos escuchen a menos que estemos dispuestos a escuchar primero.

Lo que hace que esta aproximación sea difícil de dominar es que inicialmente desencadena el miedo interno de «¿estaré listo para responder?» o «¿sabré qué pregunta hacer a continuación?». En un ambiente social es fácil y natural mantener una conversación andando. Pero en los negocios (como una presentación, un discurso o una reunión de ejecutivos, por ejemplo) es como si nos hubieran amarrado la lengua y de repente no pudiéramos pensar.

El centro de atención

Escuchar con la aproximación LOVE también requiere que mantengamos el foco en el individuo con el que estamos hablando. La tendencia normal es idearse una respuesta que le quita el foco al orador.

Considere los siguientes escenarios.

Escenario 1:

Orador: ¿de dónde es?

Audiencia de uno: de Hawái.

Orador: ¡Oh, me encanta ese lugar! Mi playa favorita es…

Escenario 2:

Orador: ¿de dónde es?

Audiencia de uno: Hawái.

Orador: ¡Oh, eso es genial! ¿Cuál es su parte favorita de Hawái?

En el escenario 1, el orador alejó rápidamente el foco de la audiencia de uno. De repente, la conversación se enfocó de nuevo en el orador, lo que le hizo perder su conexión potencial con la audiencia. Las personas piensan que esto tiene que ver con la otra persona cuando en realidad es una cuestión de imposición. Allí es donde las buenas intenciones se pierden.

En el escenario 2, no obstante, el orador mantiene el foco en su audiencia de uno. La clave (y el reto) es no quitarle el foco a la otra persona. Incluso si hemos estado 20 veces en Hawái y tenemos 100 historias por contar que podrían ser pertinentes, debemos esperar y seguir haciendo preguntas con el objetivo de aprender más.

Esto le permite a la otra persona compartir más y nos deja aprender más sobre qué es lo que la hace agradable. A medida que la conversación progrese, tendremos nuestra oportunidad para compartir experiencias. Pero debemos establecer una conexión primero y mantener el foco en la otra persona tanto como sea posible.

Observar

Cuando escuchamos de la manera correcta, también observamos. Eso incluye observar físicamente el lenguaje corporal y cómo se corresponde con el tono de voz, así como otros mensajes no verbales que la otra persona envía cuando habla.

Si no observamos, podemos perdernos la señal clave sobre el verdadero mensaje. Puede ser una puesta de ojos en blanco o una inflexión que no vimos y que cambia por completo el significado del mensaje. La clase correcta de escucha también implica inclinarse hacia la otra persona mientras habla. Es un acto físico que transmite el hecho de que estamos prestando atención.

Las personas a menudo se pierden estas pistas sutiles. En una presentación de ventas o en un discurso, la audiencia envía esas señales constantemente. Si no estamos observando, nos desconectamos y nos volvemos un líder que no está en contacto con la realidad. Recuerde, nadie sigue a un líder que está desconectado de la realidad.

Deberíamos buscar puntos de pasión, así como gustos similares. El lugar en el que se entrecruzan nuestras pasiones será un buen punto para continuar con el diálogo y construir un relación.

Validar

Como lo mencioné antes, todos necesitamos sentir que tenemos valor. Queremos que la gente escuche nuestros mensajes. Es por eso que seguir la secuencia del cerebro, usando la fórmula AMPLIFII™ y el método LOVE, importa. La validación es uno de los elementos más importantes y más ignorados sobre crear un sentimiento de confianza y de sentirse valorado en una conversación.

La validación es reflejar auténticamente, de alguna manera, lo que esa persona dijo y lo que influyó sobre nosotros. Inclínese hacia adelante, ensanche su sonrisa, asienta con la cabeza y demuestre entusiasmo y emoción con palabras y acciones. Algunas respuestas pueden ser:

- ¡Oh, genial!
- Maravilloso.
- ¡No sabía eso!
- ¡Qué asco! (Con una risa).

Eso último es una manera genial de ofrecer validación cuando alguien está hablando de una comida que realmente no le gusta. Demuestra honestidad y confiabilidad.

Esta honestidad y confianza son incluso más cruciales en el mundo virtual de hoy en día. Debemos validar constantemente que escuchamos y oímos lo que se está diciendo.

Si omitimos la validación, nuestras conversaciones suenan como un interrogatorio. También debemos darnos cuenta de que nuestras conversaciones (al menos en un principio) no son necesariamente una calle de doble vía.

Expandir

Demasiado a menudo las conversaciones se quedan en la superficie y no ahondan en nada. Son superficiales y fracasan en conectar con la otra persona. En su lugar, debemos ir más allá de los temas superficiales que no hacen nada por revelar quiénes somos y lo que valoramos. Hacemos esto al aprender a expandir nuestras interacciones, haciendo las preguntas correctas, prestándoles atención a los detalles e interactuando con la otra persona.

La razón principal por la que la gente no tiene un buen desempeño en las presentaciones o en las llamadas en frío, como lo mencionamos antes, es porque intentan agradarle a las otras personas en lugar de ir más profundo para encontrar razones para hacer que la gente le agrade a usted proactivamente. Hacemos eso al bombardearlos con información con la esperanza de que algo de eso haga que les caigamos mejor. El resultado es una conversación aburrida y unilateral que nunca llega a nada. Cuando eso sucede en cualquier escenario persuasivo o de influencia, la gente lo nota, alza su resistencia natural y hace que la conexión sea aún más difícil.

Ser proactivos para encontrar cosas que nos gustan es el componente clave. Eso sucede cuando activamos nuestra curiosidad por las personas. Algunas cosas por considerar:

- ¿Qué molesta a alguien?

- ¿Qué valora?

- ¿Por qué hace lo que hace?

- ¿Cuáles son sus pasiones?

Cuando encontramos esas señales y hacemos preguntas para ahondar, la conversación se hace más profunda y nos permite encontrar el hilo que nos llevará a la pasión.

Las personas dicen que la confianza se construye con el tiempo. Eso no siempre es verdad. La confianza es una fórmula y un proceso que usualmente se tarda en desarrollarse. Cuando seguimos estos pasos y cumplimos auténticamente con los requisitos, la confianza aparece más rápido. Cuando somos intencionales y nos alejamos de la línea superficial de preguntas para ir hacia una más profunda, las personas se sienten más escuchadas y oídas.

Algunas veces la gente apesta

Incluso con el método LOVE para las conversaciones, a veces nos cruzamos con gente que no es muy amable y que es egoísta, arrogante o incluso grosera. Cuando nos encontremos a esas personas, no pasa nada. Sencillamente terminamos la conversación y seguimos adelante. En un ambiente de ventas, eso es algo bueno porque nadie quiere hacer negocios con alguien que no comparte los mismos valores. Harán que la vida sea dura y le referirán a otros que sean como ellos. Sin embargo, como no estamos intentando obtener nada de ellos a cambio, estaremos tratando de encontrar, de manera auténtica, algo que nos guste de ellos. Y si son malas personas, no nos sentiremos rechazados. Seguiremos adelante y agradeceremos haber evitado esa bala.

Nada de esto es fácil. Se requiere de disciplina para escuchar a otros en lugar de hablar de nosotros mismos. Se requiere de autoconciencia y de un esfuerzo intencional.

El juego LOVE

Es hora de jugar de nuevo. Una manera genial de implementar esta habilidad en su caja de herramientas del día a día es jugar el juego LOVE. Después de todo, la práctica perfecta crea la perfección.

Con el juego LOVE, nos juntamos en un grupo de dos o más personas para probar nuestras habilidades del método LOVE. Ponga a una persona en un asiento y haga que empiece una conversación. La siguiente persona debe *escuchar, observar, validar* y *expandir*. Basándose en la respuesta, la siguiente persona también debe *escuchar, observar, validar* y *expandir*. Y el proceso se repite.

Sin embargo, hay un truco. Cuando alguien se salte la secuencia, no valide o no empiece un nuevo hilo de conversación que se base en lo que se dijo previamente, el juego empieza de nuevo.

No se engañe. No es un juego fácil. Al principio, la mayoría de los grupos se toman unos 15 o 20 minutos en pasar de las tres personas iniciales.

A medida que el estrés crece, es más duro escuchar y suceden más errores. Es crítico que usted sea estricto con los pasos. El estrés que genera la responsabilidad es impresionante. Esto es a propósito y es una parte esencial del ejercicio.

Una vez que el grupo encuentre el ritmo y se den cuenta de que no quieren seguir empezando de nuevo, se enfocarán, se involucrarán y dejarán de lado todas las distracciones, lo cual hará que, mágicamente, cumplan con el circuito con facilidad. Escuchar es un deporte activo que requiere de una mente clara y nada de intenciones ocultas.

Este ejercicio es genial para equipos e incluso cenas familiares, pues les enseña a los niños las habilidades de conversación y conexión. Pueden odiarlo al principio, pero luego volverán y se lo agradecerán cuando deban apoyarse en esta habilidad para sobrevivir a las realidades a las que los enfrenta la vida.

Hablar desde el corazón

El lenguaje bien escogido, hablado de la manera correcta y con un lenguaje corporal congruente, puede tocar el corazón y el alma, crear momentos comunes, derrumbar barreras de división, construir relaciones nuevas y poderosas y hacer que la gente actúe. El lenguaje que ignora el estado emocional, la cultura, la situación actual y las creencias personales de alguien más es poco acertado. En lugar de construir confianza, puede distanciarnos de aquellos a los que apreciamos y aquellos a quienes necesitamos influenciar.

Usted tiene las respuestas, la capacidad y las herramientas para ser un comunicador de primera clase. De hecho, siempre las ha tenido y lo mejor de todo es que todas son gratis. El buen contacto visual, la escucha activa y ser sensible a los niveles de estrés y trasfondos de otras personas son cosas que sabe que son importantes.

Quizás se han vuelto tan familiares que podemos haber perdido de vista su valor y, por consiguiente, haberlas dejado de usar. Ahora es el momento de recordarse a usted mismo la importancia de estos fundamentos y de aplicarlos. Hacerlo le significará la diferencia entre ganar o perder una venta, conseguir ese trabajo o no recibir ninguna llamada o lograr que sus hijos entiendan la importancia de decirles que no a las drogas *versus* tener niños que lo ignoren.

Espero que este mensaje lo ayude a volverse un poco paranoico con respecto a su comunicación… Lo suficientemente paranoico como para que baje la velocidad, piense antes de hablar y escuche antes de responder.

No se rinda. Siga practicando y, más pronto que tarde, será un maestro en el arte perdido de la conversación.

Lecciones poderosas

- La comunicación es dura, especialmente cuando estamos bajo estrés.

- Sin importar cuán buenos comunicadores pensemos que somos, la realidad es que somos inefectivos en la comunicación.

- La comunicación interpersonal tiene filtros. Su filtro personal es la manera en la que ve, entiende y se relaciona con el mundo que lo rodea y el que tiene por dentro.

- Una cantidad considerable de la mala comunicación sucede porque se malinterpretan las necesidades previstas de la gente.

- La gente quiere sentirse escuchada. Eso solo lo pueden determinar ellos, no nosotros.

- Los mejores líderes, gerentes, padres, profesionales de ventas y conversadores hacen lo mismo en las conversaciones. Siguen el método LOVE: un acrónimo (por sus siglas en inglés) para escuchar, observar, validar y expandir.

- Bombardear a las personas con mucha información con la esperanza de que algo de eso haga que les agrademos solo resulta en una conversación aburrida y unilateral que no lleva a ninguna parte. Cuando eso sucede en un escenario persuasivo o de influencia, las personas lo notan, alzan su resistencia natural y hacen que crear una conexión sea incluso más difícil.

- El lenguaje bien escogido, hablado de la manera correcta y con un lenguaje corporal congruente puede tocar el corazón y el alma, crear momentos comunes, derrumbar barreras de división, construir relaciones nuevas y poderosas y hacer que la gente actúe.

CAPÍTULO 12

EL FACTOR ESTRÉS

"El estrés puede sabotear nuestra habilidad para influenciar".

—René Rodriguez

Todos los métodos, técnicas, secuencias, guiones y valores de este libro no importan si usted no puede acceder a ellos cuando está estresado. Analice eso durante unos minutos.

Parte de nuestras vidas diarias

Es fácil liderar cuando todo va bien. Es fácil hacer que las personas estén de acuerdo si ya están de acuerdo con usted. Pero incitar una idea en las mentes de la oposición, tener la disciplina emocional para no reaccionar de cara a la adversidad y encontrar la mejor respuesta estratégica requiere de habilidades avanzadas que están basadas en entender el papel que tiene el estrés en nuestras vidas diarias.

Incluso después de horas de discursos, los mejores oradores admitirán que se sintieron nerviosos antes de las presentaciones. Y eso está bien. Los nervios son la forma que tienen la mente y el cerebro de decirnos que algo es importante.

Pero el estrés afecta su habilidad para desempeñarse con excelencia y, por lo tanto, sabotea su habilidad para influenciar. Los deportistas de élite, los conferencistas y los profesionales de ventas aprenden a manejar su estrés para que no interfiera con su rendimiento. Personalmente, después de miles de presentaciones, aún siento los nervios, la presión y el estrés de rendir al máximo. La diferencia ahora es que no he aprendido únicamente a manejar el estrés, sino a usarlo para enfocarme. Aprendí hace mucho tiempo que los nervios nunca se van y que en realidad uno no quiere que se vayan.

> *"Está bien sentir mariposas en el estómago. Sólo haga que vuelen en formación".*
>
> *—Robert Gilbert, profesor de psicología del deporte en la Universidad Estatal de Montclair, experto en motivación y autor*[1].

Las personas de élite (desde atletas profesionales a Navy SEAL y presidentes de organizaciones enormes) se encuentran bajo una cantidad impresionante de estrés para rendir. Si no lo hacen, las consecuencias pueden ser extremas. En un nivel de élite, ya no se trata sobre saber hacer las cosas. Eso es porque todos básicamente tienen las mismas fortalezas, la misma velocidad, el mismo nivel de experiencia y conocen todos los altos y bajos de su experticia. Lo que realmente diferencia a la élite es su habilidad para rendir bajo estrés, nada más.

Entendiendo la ciencia

Una forma de aprender a controlar el estrés es entendiendo la ciencia que hay detrás y por qué a veces no podemos controlarlo por completo.

Empecemos con entender que hay dos sistemas o mentes en nuestro cerebro que dictan nuestro comportamiento. Los psicólogos Keith Stanovich y Richard West los bautizaron como sistemas 1 y 2[2]. Esta teoría se popularizó gracias al psicólogo y ganador del Premio Nobel: Daniel Kahneman, quien también fue el padre fundador de la economía comportamental moderna. Su trabajo innovador ilustró en su libro, *Pensar rápido, pensar despacio*, que la mayoría de nuestras respuestas en la vida pueden ser categorizadas por estos dos sistemas.

Sistema 1: pensar rápido

Esta clase de pensamiento se propulsa por el sistema nervioso autónomo y es automático. ¿Recuerda la secuencia, el cerebro y cómo eso desencadena nuestras respuestas de luchar/huir/congelarnos? La amígdala es nuestro botón del pánico. El tálamo es la estación de transmisión del cerebro. Y el hipotálamo se conecta con el sistema nervioso autónomo, el cual controla la respuesta parasimpática o tranquila y la respuesta simpática o activa de los sistemas nerviosos. Estas son respuestas automáticas, los aspectos de la vida en los que no tenemos que pensar: respirar, el latir del corazón, digerir, caminar, matemática simple, etc.

Piense en la imagen de una persona que está furiosa con alguien más. Quizás tiene los puños en alto, el rostro sonrojado y está gritando. Viendo esa imagen, no podemos escuchar de verdad el grito o lo que está diciendo, pero podemos imaginárnoslo y definitivamente sabemos que la persona está molesta. Todo esto pasa sin esfuerzo y automáticamente, detrás de escenas, sin que ni siquiera nos demos cuenta de que está sucediendo. No llegamos a esa conclusión con el tiempo, sino que lo hacemos al instante. A eso se lo conoce como pensar rápido. Uno incluso podría decir que este sistema es más primitivo.

Algunos ejemplos de cómo funciona el sistema 1 automáticamente incluyen:

- Detectar si un objeto está lejos o cerca.
- La habilidad para orientarnos hacia un sonido en una habitación.
- Terminar un cliché, como «al que madruga...».
- Hacer involuntariamente una expresión de desagrado cuando se ve algo horrible.
- Detectar hostilidad en una voz.
- Manejar a casa por una carretera conocida y vacía.
- Caminar a un ritmo normal.
- Resolver una ecuación simple, como: $2 + 2 = ¿?$

Estas son respuestas automáticas que no requieren de mucha de la energía del cerebro.

Sistema 2: pensar despacio

Ahora veamos la siguiente ecuación: $17 \times 485 = X$. Inmediatamente sabemos que este es un problema matemático y la mayoría de nosotros necesitaría un papel y un lápiz o una calculadora para resolverlo. Pero somos la única especie que puede solucionar esa ecuación.

Quienes estamos más familiarizados con las matemáticas quizás sepamos de inmediato que hay una variedad de posibles resultados: que el total es mayor a cierto número y menor a otro. Ya seamos genios matemáticos o no, la mayoría de nosotros reconoce esto con rapidez y sin necesidad de detenernos o pasar tiempo pensando en el problema. Realísticamente, no conocemos la solución en un instante porque la respuesta exacta no se nos viene a la mente de inmediato y requiere de más atención y energía. Esto es lo que se conoce como pensar despacio.

El proceso de pensar despacio requiere que recordemos ciertos eventos o, en esta ocasión, lecciones que aprendimos en la escuela. Luego sacamos las conclusiones, resolvemos el problema. Pensar despacio no es automático. El sistema 2 asigna nuestra atención a las actividades mentales más difíciles, incluyendo cálculos complicados, y se asocia típicamente a las experiencias subjetivas de las elecciones y la concentración. Cuando sentimos que estamos en control, esa es una experiencia del sistema 2.

Aquí tiene varios ejemplos del sistema 2, los cuales requieren de energía cerebral real:

- Concentrarse en encontrar a una persona específica en una multitud.

- Prepararse mentalmente para un gran evento: una carrera o quizás una presentación.

- Intentar recordar una canción que le sonó familiar en la radio.

- Caminar rápido para seguirle el paso a alguien más.

- Manejar su comportamiento en un ambiente social.

- Comparar o contrastar el valor de objetos similares.

- Identificar un patrón en una página.

- Evaluar la validez de un argumento.

Estas son funciones del sistema 2, las cuales requieren de tiempo y enfoque y son exclusivamente humanas.

El sistema 2 está a merced del sistema 1

Todos los días, estos dos sistemas luchan por estar en control. El sistema 1 adquiere la perspectiva a corto plazo de lo que importa en ese momento. Eso significa que si usted tiene un objetivo que requiere de sacrificios y de retrasar la gratificación, entonces el sistema 1 puede trabajar en su contra.

Al mismo tiempo, el sistema 2 está intentando recordarle por qué está intentando alcanzar esa meta. Podemos pensar en el sistema 1 como un superhéroe. Su trabajo es protegerlo del mal… en este caso, del estrés.

Comparar y contrastar

La procrastinación es una gran manera de explicar estas diferencias. Digamos que se está alistando para darles una presentación a 1.000 personas. El pensamiento de salir frente a esa audiencia enorme empieza a desencadenarle estrés.

El estrés puede ser mortal, entonces, como protección, su sistema 1 se activa y dice: «hay un problema. La solución perfecta es aplazar el proyecto y hacerlo mañana».

Entonces aplaza el proyecto y el sistema 1 cumplió con su trabajo. Usted ya no está estresado.

Al mismo tiempo, el sistema 2 le dice que usted es un idiota por procrastinar. Que no aplace el proyecto. Pero el sistema 1 está en control y parece que todo va bien.

El mismo escenario sucede repetidamente y usted sigue aplazando el proyecto. Pero si no deja de escuchar al sistema 1, en algún punto las cosas cambian y el estrés pasa de ser causado por el temor de hacer un proyecto al temor de no haberlo completado y tener que enfrentarse a las consecuencias.

El sistema 1 solo funciona a corto plazo

En ese punto, el sistema 1 aparece de nuevo porque usted todavía está estresado. Le dice: «no hay problema. La solución perfecta es quedarse despierto toda la noche y terminar el proyecto». El sistema 1 ha cambiado de protegerlo del estrés por empezar a protegerlo del estrés que le producirán las consecuencias que habrá si no lo acaba.

Eso da mucho de qué pensar. Nuestras vidas (personal y profesional) son una batalla constante entre el sistema 1 y el sistema 2. ¡Con razón estamos estresados!

El trabajo del sistema 1 es protegernos del estrés y el del sistema 2 es prepararnos para el largo plazo. Eso aplica para todo, desde hablarle a una audiencia de una o 1.000 personas a ponerse metas financieras, ser reticente a hacer llamadas de negocios, crear hábitos de alimentación saludables y mucho más.

El sistema 1 y el habla

Cuando estamos a punto de hablar, proponer algo o entrar a un escenario de influencia importante, la probabilidad de que el sistema 1 aparezca en el panorama es muy alta. Por lo tanto, la habilidad para dominar sus niveles de estrés es muy importante para convertirse en un influenciador y líder efectivo. Toda la preparación y el estudio del mundo no le aliviarán el estrés si no aprende a manejar su sistema 1. Cada uno de nosotros debe aprender a usar las herramientas que nos permiten manejar el sistema 1 y luego practicar, practicar y practicar.

Aplique lo aprendido: reductor de estrés

Los nervios son normales. La clave es aprender cómo aliviar el estrés. Vea cómo estas técnicas simples para romper el hielo cambian la energía de un salón. Antes de su siguiente presentación/charla/discurso, pruebe esto:

- *Tan pronto como entre al escenario, diríjase a su audiencia: «antes de empezar, me gustaría pedirle a todo el mundo que se pare. Si ustedes son como la mayoría de las personas hoy, se encuentran bombardeadas con información y peticiones por su tiempo y energía. El hecho de que estén aquí es un gran honor para mí y para (el nombre de quien lo contrató), así que queremos agradecerles por eso. Si les parece, me gustaría que se tomaran el tiempo para darle un apretón de manos a tres personas. Sólo tienen 30 segundos, así que concéntrense. ¡Vamos!».*

- *Después de un minuto, pídale a la audiencia que se siente. Notará de inmediato que todo el salón tiene un nivel de energía más alto, que la gente está sonriendo y que su postura corporal está más relajada y está ocupando más espacio. La audiencia está energizada y enganchada.*

Respiración cuadrada

Dado que el estrés es una respuesta fisiológica, usted puede usar aproximaciones físicas para calmarlo. Una manera efectiva de enfocar la energía y manejar el estrés es la respiración cuadrada. También conocida como respiración del cuadrilátero, esta técnica es usada ampliamente por los Navy SEAL de Estados Unidos y funciona para calmar los nervios. Incluso puede descargar aplicaciones de respiración cuadrada en su teléfono inteligente. (Busque algunas en la App Store de su teléfono).

Esta técnica de respiración implica que una persona inhale durante 4 segundos, sostenga la respiración durante 4 segundos, exhale durante 4 segundos y sostenga la respiración durante 4 segundos. Es un 4-4-4-4. Ese proceso y estructura desencadenan una respuesta del sistema nervioso parasimpático, la cual es la respuesta de calma, en oposición al sistema nervioso simpático, o de emociones, que controla la respuesta al estrés. Esos dos sistemas son antagónicos: no pueden funcionar al mismo tiempo.

Este proceso requiere de práctica y los números importan. Cuando pueda seguir el patrón de 4-4-4-4, su cuerpo entero empezará a pasar al sistema 2, permitiéndole ser más intencional con sus respuestas. Esta es una gran técnica cuando siente que los niveles de estrés se le están subiendo en medio de una presentación o justo antes de subirse al escenario. Cuanto más lo practique, más fácil será y, con el tiempo, aprenderá a respirar naturalmente de esta manera sin que nadie lo sepa.

El método de inhalar durante 3 segundos y exhalar durante 4

Yo uso otro método similar y más simple que aprendí de la Clínica Mayo. Se trata de inhalar durante 3 segundos y de exhalar durante 4. Es importante llegar a ese cuarto segundo para desencadenar una respuesta de relajación. Si exhala demasiado rápido (lo sentirá), empezará a hiperventilar, lo cual tiene el efecto opuesto sobre su sistema nervioso simpático, así que desencadenará más estrés.

Con el tiempo, puede intentar extender la exhalación durante tanto tiempo como sea cómodo para usted. A mí personalmente me gusta exhalar durante ocho o nueve segundos. Incluso una buena inhalación con una exhalación larga puede cambiar inmediatamente su estado. Para evitar exhalar demasiado rápido, junte sus labios y haga que sea más difícil para el aire pasar. Eso le da más control. También será capaz de escuchar mejor la exhalación, lo cual sirve como una retroalimentación auditiva que puede ser calmante.

Relajación progresiva

Si alguna vez ha escuchado historias sobre los ganadores de las medallas de oro en los Olímpicos o de los equipos usando la relajación como un secreto para el éxito, es probable que ellos usaran alguna forma de la relajación progresiva desarrollada por el médico estadounidense Edmund Jacobson (1888-1983). La técnica lo entrena para relajar todo el cuerpo gracias a que crea conciencia sobre qué grupo de músculos está albergando su tensión para luego relajar un grupo de músculos cada vez. La técnica lo guía para que tense conscientemente músculos o grupos de músculos específicos y luego a que los suelte para lograr una relajación completa a lo largo del cuerpo.

La relajación progresiva es diferente y sirve para un propósito distinto al de la respiración de cuadrilátero o la de 3-4. Está diseñada para crear una conexión entre la mente y el cuerpo y para ayudarnos a entender que el estrés es una respuesta física.

Hemos usado esto durante más de 30 años en nuestros cursos para ayudar a crear confianza y trabajo en equipo con grupos, así como con líderes antes de que den discursos.

Relajación progresiva

Aquí tiene el guion para la relajación progresiva que usamos con nuestros clientes:

Si le parece, siéntese cómodamente, cierre los ojos, tome aire profundo y dígase que se va a relajar.

- *...Inhale profundo otra vez y dígase que se va a relajar. Note cómo su cuerpo hace justo lo que le pidió que hiciera. Usted le dijo que se relajara y lo hizo.*

- *...Otra inhalación profunda y dígase con gentileza que se va a relajar.*

- *...Tense los dedos de los pies tanto como pueda. Y relaje esos músculos. Y relaje esos músculos, incluso más.*

- *...Y a medida que empieza a tensar los músculos de las partes bajas de sus piernas, observe el proceso. No sólo ejecute. Observe el proceso por el que pasan sus músculos. Detalle el proceso mientras relaja esos músculos y les dice a esos músculos que se relajen incluso más.*

- *...Observando el proceso, tense los músculos de las partes superiores de sus piernas. Esto es lo que siente su cuerpo cuando se encuentra en un estado de tensión. ¿Era consciente de eso o es información nueva para usted? Y relaje esos músculos. Y comuníqueles a esos músculos que se relajen incluso más.*

- *...Y tense los músculos de su abdomen y de la espalda baja. Mientras lo hace, note cuánta presión les está poniendo a los órganos de esa parte de su cuerpo. Y aun así, muy a menudo, cuando escuchamos malas noticias, nos tensamos físicamente. Y relaje esos músculos. Y relájelos incluso más.*

- *...Y tense los músculos de la parte superior de su torso. Suba los hombros, tense los músculos de la parte superior de su espalda y pecho y, suave y gentilmente, relaje esos músculos. Y relájelos incluso más.*

- *...Y tense los músculos de los brazos haciendo dos puños. Haga puños tensos y apretados. Mientras lo hace, note cuánta vitalidad física le toma mantener los músculos así de tensos y lo mucho que eso* drena su energía física. Sea consciente de eso y relaje esos músculos. Y comuníqueles a esos músculos que se relajen incluso más.

- ...Y tense todos los músculos del rostro que pueda, particularmente los de alrededor de los ojos y la mandíbula, dos áreas en las que muchos de nosotros cargamos mucho estrés. Y relaje esos músculos. Y relájelos incluso más.

- ...Y deje caer la cabeza hacia adelante y, muy lenta y gentilmente, empiece a rotarla en un círculo amplio, primero en una dirección y luego en la otra. Muy, muy despacio. Muy, muy gentilmente. Sin forzar nada. Todo para relajar los músculos del cuello y de la parte superior de los hombros, otro lugar en el que mucha gente carga un montón de estrés.

- ...Y tense cada músculo del cuerpo, empezando por los dedos de los pies, subiendo por las piernas, llegando al abdomen y la espalda y terminando con los puños apretados y un rostro tenso.

- ...Muy lentamente, como si se estuviera moviendo en cámara lenta, relaje cada músculo del cuerpo. Muy despacio, muy suave y muy gentilmente, relaje cada músculo del cuerpo y dígales a esos músculos que se dejen ir y que le comuniquen a cada célula y a los demás músculos de todo el cuerpo que se relajen incluso más.

- ...Y lleve su mente o su imaginación a la parte alta de su cabeza para después dejar que su mente o su imaginación viajen hacia abajo por su cuerpo físico. Cuando llegue a un músculo que no está relajado, tense ese músculo mucho más, sosténgalo durante tres, cuatro, cinco o los segundos que quiera y luego relájelo. Haga esto las veces que haga falta con tantos músculos como sea necesario para liberar el estrés de su cuerpo físico.

• …Y tome aire profundo y abra los ojos, manteniendo ese estado mental y corporal tan relajado.

Fuente: ENGAGE™.

Si practica esto por lo menos tres veces, empezará a notar exactamente en dónde guarda su estrés físico. Aunque las personas enseñan la relajación progresiva como una habilidad para relajar todo el cuerpo, una manera rápida de liberar el estrés antes de una reunión es tomarse un momento para estar presente y descifrar en qué parte del cuerpo tiene el estrés: identifique qué músculos están albergando el estrés y ténselos, sosténgalos y luego libérelos. Inmediatamente sentirá la calma en todo el cuerpo si hace el proceso completo.

Con un poco de práctica, verá resultados masivos de inmediato. Pero, de nuevo, requiere de mucha práctica dominar esta técnica.

Más *tips* para manejar el estrés

Adicional a la respiración en cuadrilátero, cuando no tenga tiempo para hacer una siesta, correr unos kilómetros o tomar una clase de yoga, aquí tiene unos pocos tips *rápidos para reducir los niveles de estrés:*

• Escuche música. A menudo, la música clásica puede ser muy relajante.

• Haga una caminata rápida así sea por su propia calle.

• Encuentre el sol. En serio. La luz brillante puede animarlo rápidamente.

• Cuente hacia atrás. Intente del 1 al 10 y luego del 10 al 1.

- Tiempo a solas. Tómese 5 minutos para reunir sus pensamientos y despejar la mente.

- Coma chocolate. El chocolate amargo puede regular los niveles de cortisol, la hormona del estrés.

- Medite. Sólo necesita hacerlo durante 5 minutos.

- Mastique chicle. Eso reduce los niveles de cortisol.

- Pruebe el té verde. Tiene químicos calmantes, incluyendo la L-teanina.

- Ríase. La ciencia a demostrado que ayuda a bajar la tensión.

- Póngase gotas de agua fría en las muñecas. Haga eso en las muñecas y en los lóbulos de las orejas.

- Coma algo de miel. La ciencia también apoya esto.

Fuente: https://www.ncbi.nlm.nih.gov/pmc/articles/ PMC1375238/?tool=pubmed; https://www.ncbi.nlm. nih.gov/pmc/artiles/PMC4020454/; https://www. colorado.edu/law/25-quick-ways-reduce-stress

Lecciones poderosas

- Dos sistemas de nuestro cerebro controlan nuestras acciones. Cuando entendamos la relación básica y la mecánica de estos dos sistemas opuestos, podremos empezar a dominarlos.

- Incluso los mejores conferencistas admitirán haberse sentido nerviosos antes de sus presentaciones. Y eso está bien. Los nervios son la manera que tienen la mente y el cuerpo de decirnos que algo es importante.

- La habilidad para dominar sus niveles de estrés es muy importante cuando se trata de ser un influenciador y líder efectivo.

- La relajación progresiva crea una conexión entre la mente y el cuerpo y nos ayuda a entender que el estrés es una respuesta física.

CAPÍTULO 13

UNIENDO TODAS LAS PIEZAS Y MÁS

"Con los premios de la influencia también aparecen las responsabilidades".

—René Rodriguez

En todos los años que llevo haciendo este trabajo, ver cómo todo le hace clic a alguien es uno de mis momentos favoritos. Es un instante de alegría verdadera ver cómo alguien que ha tenido problemas para comunicar su mensaje se embarca en un viaje para descubrir su propia historia y encontrar la disciplina para aprender las habilidades necesarias para comunicarse efectivamente.

Cuando todas esas piezas se unen, veo que la vida de alguien cambia en un instante. La claridad de enfoque que encuentran es inspiradora. La manera sencilla en la que cuentan su historia y cómo hacen transiciones hacia cierres poderosos y relevantes es como ver a una gimnasta hacer una rutina perfecta en los Olímpicos. Las personas también empiezan a verse de una manera distinta. Se paran más erguidas, hablan más fuerte y dan pasos más osados.

Empezamos este viaje hablando sobre lo opuesto de la influencia: cuando nadie se ríe de nuestras bromas, cuando nadie nos compra nuestros productos o cuando nadie sigue nuestras visiones. Cuando eso sucede, la gente se siente triste, solitaria e insignificante. En su lugar, ver a alguien encontrar su sitio significativo en el mundo y conectar con su propósito y valores es inolvidable. También es un proceso deliberado que se puede replicar una y otra vez.

Tener confianza y saber que puede comunicar cualquier mensaje para que la gente no sólo lo escuche, sino que actúe con respecto a ello, es energizante. Tener autoconciencia para saber cuándo las personas se resisten y las habilidades para sobreponerse a esa resistencia para transmitir un mensaje es algo que le abre las puertas a nuevas oportunidades. La habilidad para influenciar en áreas en las que otros no pueden tiene un efecto poderoso en el mundo. Instaurar una idea en la oposición («nunca pensé en eso de esta manera», por ejemplo) es la clase de influencia que necesitamos en el mundo de hoy en día.

Vuelo retrasado

Me estaba yendo de Columbus, Oklahoma, para ir a un evento que empezaba a la mañana siguiente. A las 8 a.m., cincuenta ejecutivos estarían sentados en un salón, esperando que yo les dictara un taller. Pero mi vuelo se retrasó… y no sólo mi vuelo, sino muchos otros. Cuando escuché esa noticia, pude sentir que mi nivel de estrés subía. Una reacción del sistema 1.

Predecible

Lo que sucedió luego fue predecible. La fila que se hizo frente a la agente de la puerta del aeropuerto, que estaba intentando poner a la gente en otros vuelos, empezó a alargarse. Cuanto más larga se hacía la espera, más se desesperaban las personas. La gente empezó a salirse de la fila para ir al mostrador, tiquetes en mano, y demandar que les reservaran otro vuelo.

La agente de la puerta era una profesional increíble. Con calma, frialdad y templanza, les dijo a los pasajeros molestos: «gritarme no va a hacer que esto suceda más rápido».

El caos controlado siguió durante casi una hora más hasta que la agente anunció que todos los vuelos estaban llenos y que estaba trabajando en encontrar más asientos para los demás pasajeros.

Decidí quedarme sentado y ver cómo la gente le gritaba. Solo pude pensar en cuán frustrante debía ser su posición. Entonces fui hacia un lado del mostrador y le dije: «discúlpeme, voy a ir por un café. ¿Qué bebe usted? Le compraré algo. Va a ser una noche larga». Ella me miró, dejó caer los hombros y dijo: «oh, por Dios, ¿habla en serio? En este momento mataría por un *caramel macchiato* grande… Es muy amable».

Volví, le dejé el café en el mostrador y me retiré. Antes de que pudiera sentarme, me dijo: «ey, no se me pierda de vista». Asentí y me senté. Unos 25 minutos después, me hizo una seña, me entregó un tiquete y me dijo: «disfrute su vuelo, señor Rodriguez».

Viéndolo más de cerca

Analicemos esto. Usted podría argumentar que yo no usé ningún marco, no transmití ningún mensaje profundo y tampoco hice nada que no fuera comprarle un café y, aun así, obtuve lo que quería. La verdad es que no sé si recibí un tratamiento especial o si todo el mundo ya tenía un nuevo vuelo agendado en ese punto.

Lo que sí sé es que no sucumbí ante mi primera reacción, la cual fue aceptar el sistema 1 como todos los demás. A pesar del estrés, no grité, no agité mi tiquete y no exigí que me pusieran en otro vuelo. La disciplina y la autoconciencia (no reaccionar) en ese momento particular son una gran parte de la influencia y le servirán mejor a la larga que rendirse a la histeria.

Mientras todos estaban alzándose en armas (sistema 1), yo me quedé sentado y vi lo que se estaba desarrollando. Eso me permitió sentir empatía por la agente. Esa empatía me permitió conectar con un acto de amabilidad en un momento de necesidad. No esperaba recibir nada a cambio por mi gesto, pero sucedió.

¿Acaso parte de mí entendía que un gesto como ese me haría destacar de la multitud? Absolutamente. Mi deseo por destacar al ayudar a alguien en un momento de necesidad no es diferente al de un vendedor, reclutador, líder o al de cualquier persona de la fila que estuviera gritándole. Querían destacarse y escogieron gritarle como su herramienta. Yo escogí la paciencia, la empatía y el café. Si no hubiera tenido disciplina, autoconciencia, empatía, inteligencia emocional y asertividad, no habría tenido la oportunidad de destacarme.

Algunas veces la influencia se trata de ponerse en la mejor posición estratégica posible. Entonces usted controla lo que puede controlar y nada más. No funciona todo el tiempo. Pero ¿acaso funciona más que si no lo intentara? ¡Por supuesto! No hay soluciones mágicas, así que no las busque. Lo que usted quiere es una acumulación de ventajas sutiles que vayan sumándose con el tiempo. Una carrera de caballos sólo necesita ganarse por los pelos. Lo mismo sucede también con la influencia.

Influencia ética

El mundo de la influencia puede ser muy gratificante y con los premios también aparecen muchas responsabilidades. Sólo porque pueda influenciar o convencer a alguien de algo, no significa que deba hacerlo.

Allí es donde surge la conversación ética. Lo animo a que pase algún tiempo pensando en el dilema ético porque eso lo fuerza a considerar a los demás y ver cómo podría afectarlos.

Impacto: para ser un líder efectivo, debe tener la habilidad de influenciar. Recuerde la definición: *influenciar es tener un **impacto** en los comportamientos, actitudes, opiniones y elecciones de otros.*

Influencia *vs.* manipulación

Algunos dicen que la influencia es otra manera de manipular a las personas. Me he pasado muchos años estudiando e investigando la diferencia entre la manipulación y la influencia porque es una pregunta justa que debería hacerse.

La realidad es que todo el mundo usa la influencia para obtener lo que quieren, ya sean influenciadores entrenados o no. Las personas aprenden a una edad temprana que ciertas secuencias, miradas, patrones y frases funcionan mejor que otras. Eso hace parte de la experiencia humana. Los niños a veces aprenden que llorar y hacer escándalos les da lo que quieren. Algunos adultos aprenden que hacer sentir culpable a alguien más también les da lo que quieren. Cierta gente hace matoneo y presiona para conseguir lo que quiere; otros usan halagos y amabilidades para manipular. Ya hemos hablado sobre los «chicos buenos» siendo amables pasivamente para perpetuar sus intenciones ocultas.

La transparencia es la clave

Lo que diferencia la influencia de la manipulación es que la influencia a menudo sucede transparentemente y con ambas partes siendo conscientes de que está sucediendo. No existe ninguna necesidad para ocultarla. La influencia no es poder o control, sino que se trata de construir confianza y comunicar un valor.

El impacto es la palabra clave. Una gran historia de un pastor puede impactar su día y decisiones para que se convierta en una persona mejor y más honesta. La historia de un niño con cáncer puede impactarlo para que done a investigaciones sobre el cáncer infantil. Estas son cosas positivas y usan todos los principios que usted ha aprendido en este libro.

Extremo

La manipulación tiene una definición puntual. *La manipulación es usar la persuasión hasta el extremo, a costa de otra persona y a menudo sin que dicha persona lo sepa.* Las palabras clave son *extremo* y *a costa*. Hay numerosos estudios sobre la manipulación e incontables libros que les enseñan a las personas cómo manipular a personas o grupos paso a paso.

Puede ser una buena idea entender la manipulación porque sus orígenes son los mismos de la influencia. Las dos cosas surgen de nuestra configuración neurológica y biológica.

Ejemplo

En una conferencia reciente, un orador muy reconocido estaba negociando duramente su tarifa. No hay nada de malo en una buena negociación, pero cada vez que las dos partes llegaban a un acuerdo, el posible orador cambiaba los términos y quería agregarle algo al contrato. Ese tira y afloja continuó. El orador estaba apostando a que, una vez que se tomara la decisión de trabajar con ellos, sería más difícil cancelar algo y más fácil meter nuevos acuerdos.

El orador dio un ultimátum que exigía una suma ridícula a pesar de que ya antes había aceptado otra cantidad. Los dueños de la conferencia estaban molestos, despidieron al orador y cortaron toda relación con él. Luego, como era predecible, el orador se ofreció a aceptar los términos originales. El equipo de la conferencia ya había perdido la confianza en el orador y optó por no contratarlo.

Fue una situación poco afortunada y frustrante por la falta de ética y de integridad que se demostró. Yo quedé muy impresionado por el compromiso firme del equipo de la conferencia con sus valores incluso de cara a una negociación con una casi-celebridad.

Este es un ejemplo clásico de una manipulación a la fuerza, usando presión, impulso y la suposición de que la gente tiende a aceptar cosas para evitar conflictos. Tristemente, eso le funciona a mucha gente. Eso *no* es influencia; es manipulación sucia y antiética.

Usar la influencia en una situación así se vería muy diferente. Por ejemplo:

- Escribir un libro o un artículo para crear un *ethos* y una demanda fuertes.

- Tener una presentación fuerte que ate con claridad el discurso de alguien con los objetivos previstos y el tema de un evento.

- Utilizar una presentación poderosa del orador y testimonios de clientes para reducir la sensación de riesgo.

El costo de no contratarlo

Una broma constante entre mis amigos cercanos se trata de la forma en la que respondo cuando alguien me pregunta: «¿cuánto nos costará contratarlo?». Mi respuesta es la misma siempre. Utiliza muchas de las habilidades y principios que usted ha aprendido en este libro.

Cliente: entonces, ¿cuánto nos costará contratarlo?

Yo: lo siento, ¿contratarme o no contratarme?

Con ese intercambio, obtengo una de dos respuestas. El cliente potencial se ríe y dice: «ja, ja, para contratarlo. Eso estuvo bueno». O, con una mirada algo perpleja, pero intrigada, dice lentamente: «para contratarlo». De cualquier manera, mi respuesta es casi siempre la misma.

Yo: digo eso un poco en broma porque si le cuesta más contratarme que no hacerlo, no le costará nada porque sencillamente no me contratará. No tendría ningún sentido empresarial usar mis servicios. *Pero* si hay una solución que pueda presentarle y que resuelva un problema para usted que exceda por mucho el costo de contratarme, ¿estaría de acuerdo con que existiría un costo en no resolver el problema?

La cantidad de lógica usada en esa respuesta es alta y desencadena una conversación de negocios real sobre lo que realmente importa: el valor. Jamás he escuchado que alguien no esté de acuerdo con esa lógica y la respuesta es algo parecido a esto.

Cliente: en realidad eso tiene mucho sentido.

Yo: entonces, lo que me gustaría hacer es aprender más sobre su negocio, cuáles son sus metas, y ver si mis habilidades y soluciones pueden darle un valor que exceda por mucho el costo de contratarme. Mi objetivo siempre es ofrecer un valor que sea al menos de tres a cinco veces más grande que mi costo. Y si no lo logro, no le cobraré nada y usted sólo arriesgará su tiempo, algo que estamos invirtiendo los dos juntos.

Incluso los clientes con los que he trabajado durante años me hacen la misma pregunta e inmediatamente la complementan con: «sí, sí, lo sé. ¿Qué nos cuesta no contratarlo?». Y mi respuesta es siempre la misma y la digo con una gran sonrisa.

Yo: genial. Muy bien, hablemos del valor que estamos intentando crear juntos.

Uso este escenario como un ejemplo de una manera ética y transparente de darle un nuevo marco a una conversación sobre lo que yo siento y creo que es más importante que el precio, es decir, el valor.

Este ejemplo también ilustra la naturaleza transparente y auténtica de la metodología. No tiene que ser furtiva si viene de un lugar honesto y construido sobre las verdades fundamentales.

Importante: para ser capaz de usar un guion como este, primero debe creer en esta filosofía, cosa que yo hago por completo. Si usted tiene problemas con una objeción a un precio o con su valor personal, entonces quizás le cueste usar de una manera auténtica este guion. Mi sugerencia es que se ponga su sombrero de negocios y haga los cálculos exactamente como se lo sugiero. Ofrezca de tres a cinco veces más valor de lo que está cobrando por sus servicios. Si no puede hacerlo, entonces tiene otros problemas que debe resolver primero.

La influencia en la vida *vs.* en una presentación

Muchos de los ejemplos de más arriba son sobre usar la influencia en situaciones de la vida real. Crear un marco y usar argumentos de cierre se aplica para todos los aspectos de la vida, ya sea en conversaciones cotidianas o en presentaciones formales y bien estructuradas.

Aquí es donde la lista AMPLIFII se vuelve útil.

La lista AMPLIFII

Todo lo que ha aprendido en este libro puede resumirse con la lista AMPLIFII. Es una lista de preguntas que puede ayudarle a *crear* una charla o mensaje y no a *transmitirlos*. Hay una distinción importante entre ambas cosas.

Estos son los pasos que sigo yo cada que quiero crear un mensaje, construir una presentación o dar una charla. Analicémoslos.

1. ¿Quién es mi audiencia?

2. ¿Cuál es mi objetivo de influencia?

3. ¿Cuál es la propuesta de valor o el mensaje central?

4. ¿Qué marco prepara mejor mi mensaje?

5. ¿Está mi *ethos* (credibilidad) en un buen momento?

6. ¿Mi marco desencadena el *pathos* (emociones) adecuado?

7. ¿Mi mensaje tiene un sentido lógico (*logos*)?

8. ¿Mi argumento de cierre es claro y entiende mi audiencia lo que mi mensaje significa para ellos?

9. ¿Es mi mensaje relevante y actual (*kairos*)?

10. ¿Tengo claro a dónde estoy yendo con mi mensaje (*telos*)?

Cada uno de estos pasos tiene un propósito muy importante en el proceso de influencia. Si piensa al respecto, acabo de escribir un libro entero que apoya estos diez pasos que lo ayudan a crear la charla o presentación perfecta.

¿Quién es mi audiencia?

Esta *siempre* es la primera pregunta. Y la más importante. Su audiencia lo determina todo. Si usted le estuviera hablando a un grupo de niños de 13 años, su mensaje sería muy diferente del que le transmitiría a un grupo de socios referidos.

Esta pregunta también lo ayuda a entrar en la mentalidad correcta para pensar en la audiencia/cliente primero. No se trata de nosotros; se trata de ellos. Siempre empiece con la audiencia, pues eso le dará el contexto que necesita para crear toda la presentación.

¿Cuál es mi objetivo de influencia?

Debe ser claro y concreto con esta pregunta. Demasiadas personas intentan adornar las cosas y hacer que se vean más elegantes. Piense en qué acción debe suceder para hacer que la compañía evolucione. Procure que también sea algo tangible. Por ejemplo: «quiero coordinar una llamada de 30 minutos» o «quiero que acepten que sea el 25 de septiembre a las 8 a. m.».

Aléjese de objetivos intangibles como un «encuentro» o «que ellos vean de qué se trata todo». El último es difícil de medir y no hace que nada evolucione.

¿Cuál es la propuesta de valor o el mensaje central?

Dado que está intentando influir sobre algo, ¿qué es valioso para el oyente? ¿Qué información o mensaje necesita comunicar?

¿Recuerda la analogía de «plantar las semillas en el cemento»? Esta es la semilla que usted quiere plantar.

¿Qué marco prepara mejor mi mensaje?

Ya le he hablado de muchas herramientas de contextualización. Las historias son la más poderosa y su historia de origen está en lo alto de la lista. Pero las bromas, las estadísticas, la utilería e incluso los trucos de magia (si es bueno haciéndolos) pueden ser geniales.

Todo se reduce a lo que quiera lograr. O, si volvemos a la analogía de la bolsa de golf, a en qué parte del campo está y qué palo es mejor dadas las circunstancias.

¿Está mi *ethos* en un buen momento?

Esta es una de las preguntas más importantes e incluye múltiples capas. Primero, es una estrategia preventiva con la cual puede hacer inventario de la situación por adelantado y evitarse sorpresas.

Es una situación ideal para usar la herramienta de las 3 P: predecir, prever y prevenir. Aquí también es donde es importante determinar si existen amenazas para su credibilidad (*ethos*) antes de hacer su presentación.

Si hay una amenaza presente, entonces emplee medidas preventivas para remediar esa amenaza antes de que sabotee su objetivo de influencia. Por ejemplo, digamos que está preparándose para presentarle un plan a un equipo, pero hay dos individuos influyentes en el equipo que quizás no acepten su plan. Si deciden ir en su contra, eso podría hacer cambiar de opinión al equipo.

La mayoría de las personas no se toman el tiempo para considerar su *ethos*. Y, si lo hacen, en lugar de tomar medidas preventivas, dejan que lo dados rueden y se preparan para enfrentarse a cualquier enemigo en la reunión… Y esa no es una jugada inteligente. Existe una estrategia mejor.

Agende una reunión con cada persona individualmente y use la siguiente aproximación:

John, quería conectar antes de la reunión de presupuesto y asegurarme de que estamos en la misma página. Usted es un miembro muy crítico de este equipo y, si por alguna razón no está de acuerdo con mi plan, preferiría que lo habláramos antes del encuentro para que pudiéramos estar alineados. Además, puede que tenga algunas ideas que no se me hayan ocurrido a mí.

Ser transparente con sus intenciones y deseos de alinearse es ético y una demostración de respeto por su colega.

Una situación similar puede ser una en la que no tenga amenazas en la reunión, pero en la que necesite que el equipo se despierte y se ponga en acción. Quizás quiera tener discusiones individuales antes de la reunión con las personas más influyentes y reclutarlas como defensoras antes del encuentro principal. Aunque en el pasado estas personas hayan sido calladas y lo hayan apoyado pasivamente, pídales ahora que actúen con liderazgo y que lo apoyen en voz alta en la reunión venidera.

No creo que las personas pidan lo suficiente el apoyo que necesitan. A menudo, la mayoría de la gente ni siquiera se da cuenta de que otros necesitan su apoyo. Cuando les pide apoyo, se sienten empoderados y valorados porque usted les dio una plataforma para ejercer la influencia, lo cual siempre es una experiencia positiva.

Otros ejemplos más extremos de una amenaza a su *ethos* incluirían el que su reputación se viera manchada por alguna cosa: quizás por problemas legales, por una mala presentación previa, porque perdió los papeles con un colega o incluso por un rumor falso.

Es importante notar que esto no se trata de preocuparse de lo que los demás piensen de usted. Esto se trata de su marca personal y de su credibilidad. Usted debe proteger esas cosas, así que sea honesto consigo mismo. Si su *ethos* está en riesgo, enfréntelo y arréglelo con integridad.

¿Mi marco desencadena el *pathos* adecuado?

Recuerde, el *pathos* hace que la gente actúe de acuerdo con lo que les está diciendo. Desencadena emociones y los involucra más profundamente con usted.

El *pathos* es en donde mis clientes se echan para atrás en el último minuto. Ven la audiencia y vuelven a estilos de presentación más tradicionales y llenos de *logos*.

Es difícil porque el *pathos* está diseñado para recordarle que debe permitirse entregar un mensaje con emoción y pasión. Pero también necesita que alguien evalúe si su presentación de verdad desencadena el *pathos* adecuado. Si no tiene a alguien que le audite su presentación, grábela y estúdiela con cuidado y honestidad.

¿Mi mensaje tiene un sentido lógico (*logos*)?

Nos hemos enfocado en el *ethos* y el *pathos*, pero el *logos* también es increíblemente importante. La mayoría de los profesionales de negocios gravitan hacia la lógica porque hay poca vulnerabilidad asociada a ella.

Sin embargo, los nuevos emprendedores a menudo carecen del *logos* porque son demasiado apasionados (*pathos*) por sus ideas y se frustran cuando se ven forzados a desarrollar un plan de negocios. Para aliviar la frustración, asegúrese de que haya un plan de acción claro si se necesita. Manténgalo simple para evitar cualquier fricción o limitación en la capacidad de actuar de su audiencia.

¿Mi argumento de cierre es claro y entiende mi audiencia lo que mi mensaje significa para ellos?

Pase tiempo asegurándose de que habla desde el punto de vista de su audiencia. Es esencial que la audiencia entienda lo que el mensaje significa para ellos.

Manténgase enfocado en lo que dice su audiencia y asegúrese de referirse a sus necesidades obvias e implícitas. Sea explícito con su argumento de cierre y use una rampa de acceso como: «la razón por la que comparto esto con ustedes es…», «lo que esto significa para ustedes es…» o «esta es la manera en la que les ahorraremos dinero…».

Usar ese tipo de lenguaje le indica a la audiencia el valor de lo que está a punto de decirles y lo ayuda a usted en enfocarse para entregar un mensaje claro.

¿Es mi mensaje relevante y actual?

Si su presentación gravita hacia un territorio potencialmente peligroso de corrección política, puede ser beneficioso contar con la ayuda de otras personas.

Por ejemplo, si está hablando de problemas que involucran al sexo opuesto, razas diferentes o demografías desatendidas, considere obtener retroalimentación de esos grupos o individuos. A menudo pueden darle sugerencias y datos invaluables. También es una manera poderosa de crear un puente de conversación. Después de todo, la mayoría de las personas quieren ayudar.

Estamos experimentando un momento de cambio, crecimiento y progresión que se necesitaba. Cuando eso sucede, a veces dejamos que el péndulo se vaya demasiado en una dirección mientras las cosas se empiezan a asentar. Con frecuencia eso es frustrante para muchas personas. Pero sea paciente, amable, de mente abierta y esté dispuesto a aprender. El mundo se está haciendo más pequeño y los líderes necesitan aprender cómo conectar e inspirar a un rango más amplio y diverso de personas. Es un reto digno que nos ayudará a todos a ser mejores seres humanos.

¿Tengo claro a dónde estoy yendo con mi mensaje (*telos*)?

Si usted es claro con el propósito que tiene para su presentación, los imprevistos, las preguntas duras o incluso los errores tecnológicos no lo molestarán.

Sea explícito con cómo pretende terminar una charla o presentación. Yo aprendí primero a escribir mi final y luego diseñar mi presentación de acuerdo con eso. Sea lo que sea que escoja, asegúrese de conocer el final y lo que espera lograr desde el principio.

Si divaga y se enreda, ha perdido de vista el *telos*. Deje de irse por las ramas, centre su cuerpo, ubique sus manos en la zona de influencia (entre el ombligo y los ojos) y diga con convicción: «la razón por la que comparto esto con ustedes es…».

Ir directamente al argumento de cierre lo devuelve al camino correcto y realinea su *telos*.

Recuerde, esta lista no es sobre el orden de la presentación, sino sobre el orden de la creación. Todos los pasos son críticos. Y una vez que construya el hábito de seguir estos pasos, su cerebro empezará a pensar automáticamente de esta manera.

Practique, practique, practique

Si alguna vez ha tenido el privilegio de ver entrenar a un atleta profesional, eso es algo que se queda con uno para toda la vida. Jamás lo olvidará por cuenta de un factor muy distintivo: la *intensidad*. Cada movimiento se ejecuta con propósito e intensidad. Cada fundamento se practica una y otra vez hasta el cansancio para crear memoria muscular, la cual se encarga de todo cuando el cerebro se desconecta. Se ensaya cada escenario y jugada desde múltiples ángulos para prepararlos para el juego. El objetivo es que la práctica debe ser 10 veces más dura que el juego.

Los luchadores profesionales y los Navy SEAL usan la misma estrategia: intensidad en la práctica para replicar la intensidad del combate. Luego, cuando van a luchar, no es su primera vez. Han estado allí antes, han sudado así de profusamente, han derramado esas lágrimas y han probado esa sangre. Esa es la mentalidad de la grandeza.

Sé que no todo el mundo gravita hacia ese nivel de intensidad y que puede argumentarse que es posible vivir una vida genial sin eso. Pero estamos diseñados para llevarnos al límite de nuestro mayor potencial y somos más felices cuando desbloqueamos nuestro mejor ser y cuando tenemos el mayor impacto.

Las habilidades que le compartí en este libro requerirán de que usted dedique tiempo a dominarlas. Tendrá que fallar y fallar muy a menudo para desarrollarlas. Tendrá que cometer errores y a veces incluso fracasar frente a un salón lleno. Todo es parte del juego. Acéptelo y aprenda todo lo que pueda de ello. Recuerde, si está fallando y cometiendo errores, ¡eso significa que está en medio del juego! Está en la arena de la vida y no en las gradas de los espectadores.

Mentalidad de mamba

Kobe Bryant, el fallecido gran jugador de básquetbol, se hizo legendario por su ética de trabajo y por su búsqueda incansable para mejorar su rendimiento[1]. Solía ver todos los movimientos insignia de Michael Jordan y practicaba exactamente lo que Jordan hacía. Y luego lo practicaba de nuevo.

Jamás fui fan de Bryant hasta su trágica muerte en un accidente de helicóptero. Antes de eso, lo que veía era a alguien arrogante, creído y que quería llegar a ser Michael Jordan. Luego las historias sobre lo duro que trabajaba y sobre su mentalidad empezaron a cambiar la manera en la que lo veía.

El jugador de básquetbol retirado Chris Bosh contó una historia sobre Bryant en su discurso del salón de la fama, la cual selló mi respeto por Bryant. Bosh quería establecerse como un líder joven de su equipo, así que su objetivo era levantarse al amanecer y ser el primero en desayunar. Puso su alarma, se vistió y bajó, pero se encontró con que Bryant ya estaba allí, con paquetes de hielo en las rodillas y cubierto de sudor porque ya había practicado.

El poder que tuvo esa historia para cambiar años de desagrado y desconocimiento es algo sobre lo que pienso a menudo. Le recomiendo mucho que la busque en YouTube[2]. No sólo es la historia, sino cómo Bosh cuenta la historia, su ritmo, su temporalidad y cómo presenta cada elemento. Amo cómo su humildad relució al permitirle a Bryant ser la estrella más brillante.

Pero ese discurso también solidificó a Bosh como un líder para mí y probablemente para todos los demás que lo escucharon y lo vieron. *Ethos, pathos, logos, kairos y telos*, todos exhibidos y dejando un impacto que durará más de una vida.

Pasa lo mismo con su presencia y sus presentaciones. Si trabaja y practica todos los días con la intensidad de un juego, eventualmente dominará la habilidad de la influencia.

El argumento de cierre final

La razón por la que comparto todo este libro con usted es... ahora tiene las herramientas para transformar por completo su vida y para influenciar a quienes lo rodean. La pregunta es: ¿qué hará con ello? ¿Terminará de leer este libro y volverá a su vida como era antes de leerlo? ¿O tomará la decisión de incorporar esto como parte de su rutina diaria? La exploración de su propia historia no es fácil. La disciplina para aprender las habilidades para transmitir su mensaje de una manera que sea congruente con sus valores tampoco es fácil. Pero creo firmemente que la tarea más difícil que tiene frente a usted es encontrar el valor para usar estas herramientas para crear una diferencia en el mundo. Será difícil porque las veces que más importan son aquellas en las que nadie está a su lado escuchándolo o cooperando con usted. Como lo mencioné antes, es fácil liderar cuando las cosas están bien, pero el verdadero liderazgo se revela en los momentos difíciles.

Mi deseo es que usted encuentre su voz, trabaje duro y dé los pasos necesarios para influenciar positivamente al mundo. No espere a que alguien lo inspire o a que llegue la caballería a salvarlo. No van a llegar. La razón por la que no van a llegar es porque la caballería ya está allí. La inspiración ya está allí. **Es usted mismo.** Está aquí para inspirar a la gente de una manera que encaje con su propósito y su historia. Descúbrala, practíquela y vívala osadamente. Todos los días. No puedo prometerle que será fácil, pero puedo prometerle que valdrá la pena y que el mundo lo necesita.

Ahora vaya y permítale a su corazón hablar en secuencia.

Lecciones poderosas

- La habilidad para influenciar en áreas en las que otros no pueden hacerlo tiene un efecto real muy poderoso en el mundo.

- La influencia no se trata de tener poder o control; se trata de construir confianza y de comunicar valor.

- El mundo de la influencia puede ser muy gratificante, pero esos premios conllevan mucha responsabilidad. Sólo porque pueda influenciar o convencer a alguien de algo, no significa que deba hacerlo. Pase tiempo pensando en las responsabilidades éticas que vienen con la influencia.

- Siga la lista AMPLIFII™ para crear una presentación poderosa e influyente.

- Practique, practique, practique. Las habilidades que ha aprendido en este libro no siempre son fáciles y requiere de mucha práctica el poderlas dominar. Los retornos y los premios por sus esfuerzos valdrán mucho la pena.

NOTAS

Capítulo 1

1. Sam Carr, *How Many Ads Do We See a Day in 2021*, PPC Protect, recuperado el 11 de noviembre del 2021, https://ppcprotect.com/blog/strategy/how-many-ads-do-we-see-a-day/.
2. Nancy Gibbs, *Emotional Intelligence: The EQ Factor*, Time magazine, Vol. 46, 2 de octubre, 1995. Recuperado el 22 de noviembre del 2021, http://content.time.com/time/magazine/0,9263,7601951002,00.html.
3. P. Salovey, J. D. Mayer, *Emotional Intelligence*, Imagination, Cognition and Personality. 1990; 9(3):185–211. doi:10.2190/DUGG-P24E-52WK-6CDG; https://doi.org/10.2190/DUGG- P24E-52WK-6CDG.
4. P. Salovey, J. D. Mayer, *Daniel Goleman's Five Components of Emotional Intelligence*, recuperado el 24 de noviembre del 2021, https://web.sonoma.edu/users/s/swijtink/teaching/philosophy_101/paper1/goleman.htm.

Capítulo 2

1. Presence Group, *Culture Blunders in Advertising*, recuperado el 10 de octubre del 2021, https://www.presencegroup.eu/en/blog/cultural-blunders-advertising.
2. HeartMath, *How Stress Affects the Body* https://www.heartmath.com/blog/health-and-wellness/how-stress-affects-the-body/.

Capítulo 3

1. The John Maxwell Company, *7 Factors that Influence Influence*, 8 de julio, 2013. Recuperado el 10 de octubre del 2021, https://www.johnmaxwell.com/blog/7-factors-that-influence-influence/.
2. BrainPOP Educators, *Sequence Learning Objectives*, recuperado el 22 de noviembre del 2021, https://educators.brainpop.com/teaching-tip/sequence-learning-objectives/.
3. William A. Kahn, *Psychological Conditions of Personal Engagement and Disengagement at Work*, Academy of Management Journal, diciembre de 1990; Vol. 33, No. 4; ProQuest, 708, https://pdfcoffee.com/kahn-1990psychological-conditions-of-personal-engagement-and-disengagement-at-work-pdf-free.html.

Capítulo 4

1. Korn Ferry, *A Better Return on Self-Awareness*, recuperado el 23 de noviembre del 2021, https://www.kornferry.com/insights/briefings-magazine/issue-17/better-return-self-awareness.
2. BusinessWire, *Women Poised to Effectively Lead in Matrix Work Environments, Hay Group Research Finds*, 27 de marzo, 2012. Recuperado el 23 de noviembre del 2021, https://www.businesswire.com/ news/home/20120327005180/en.
3. Tasha Eurich, *Increase Your Self-Awareness with One Simple Fix*, TEDx MileHigh, 19 de diciembre, 2017. Recuperado el 20 de octubre del 2021, https://www.youtube.com/watch?v=tGdsOXZpyWE.
4. Tasha Eurich, *What Self-Awareness Really Is (And How to Cultivate It)*, Harvard Business Review, 4 de enero, 2018. Recuperado el 20 de octubre del 2021, https://hbr.org/2018/01/what-self-awareness-really-is-and-how-to-cultivate-it.
5. *Ibid.*

6. *Ibid.*

7. Tasha Eurich, *Increase Your Self-Awareness with One Simple Fix*. TEDx MileHigh, 19 de diciembre, 2017. Recuperado el 20 de octubre del 2021, https://www.youtube.com/watch?v=tGdsOXZpyWE.

8. J. Kruger, D. Dunning, *Unskilled and Unaware of It: How Difficulties in Recognizing One's Own Incompetence Lead to Inflated Self-Assessments*, J Pers Soc Psychology, diciembre, 1999, No. 77(6), 1121–34, doi: 10.1037//0022-3514.77.6.1121. PMID:10626367, https://pubmed.ncbi.nlm.nih.gov/10626367/.

Capítulo 6

1. Alan Shepard, *Alan Shepard, 1923–98*, Oxford Reference, recuperado el 20 de octubre del 2021, https://www.oxfordreference.com/view/10.1093/acref/9780191826719.001.0001/q-oro-ed4-00016759.

2. Museo de los Niños de Indianápolis, *May 5, 1961, Astronaut Alan Bartlett Shepard Jr. Becomes the First American in Space*, This Week in History. Recuperado el 20 de octubre del 2021. https://www.facebook.com/childrensmuseum/photos/its-nationalastronautdayon-this-day-57-years-ago-astronaut-alan-bartlett-shepard/10156512543708701/.

Capítulo 7

1. Mitel Networks, B*usinesses Lose an Average of $11,000 per Employee Every Year Due to Ineffective Communications and Collaboration*, Globe News Wire, 23 de marzo, 2017. Recuperado el 20 de octubre del 2021, https://www.globenewswire.com/news-release/2017/03/23/943480/0/en/Businesses-Lose-an-Average-of-11-000-per-Employee-Every-Year-Due-to-Ineffective-Communications-and-Collaboration.html.

2. Dynamic Signal, *Dynamic Signal Study Finds U.S. Workforce Stressed and Ready to Quit, Compounding Concerns From Tight Labor Market and Possible Economic Downturn*, GlobeNewswire, 20 de marzo, 2019. Recuperado el 20 de octubre del 2021, https://www.globenewswire.com/news-release/2019/03/20/1757785/0/en/Dynamic-Signal-Study-Finds-U-S-Workforce-Stressed-and-Ready-to-Quit-Compounding-Concerns-From-Tight-Labor-Market-and-Possible-Economic-Downturn.html.

3. Patti van Eys, Dustin Keller, *A 2021 Report on Employee Mental* Health, Pathways at Work. Recuperado el 21 de octubre del 2021, https://www.pathways.com/pathways-at-work/resources/employee-mental-health-report. Las compañías terminan pagando el precio por ese estrés.

4. Patti van Eys, *HR's Guide to the Effect of Job Stress on Employee Performance*, Pathways, 30 de septiembre, 2021. Recuperado el 21 de octubre del 2021, https://www.pathways.com/pathways-at-work/blog/job-stress-and-employee-performance.

5. M. W. Pennington, S.M. Cohen, *Michael E. Porter Speaks on Strategy*, Planning Review, Vol. 10 No. 1, 8–39, https://doi.org/10.1108/eb053971.

Capítulo 8

1. Universidad de California. Instituto Weill para las Neurociencias de San Francisco, *Speech & Language*. Recuperado el 1 de noviembre del 2021, https://memory.ucsf.edu/symptoms/speech-language.

2. Asociación Nacional de Corredores de Bienes Raíces, https://www.nar.realtor/research-and-statistics/research-reports/highlights-from-the-profile-of-home-buyers-and-sellers.

3. Statscounter, Global Stats, *Desktop vs Mobile vs. Tablet Worldwide http Market Share Guam*, Oct. 2020–Oct. 2021. Recuperado el 1 de noviembre del 2021, https://gs.statcounter.com/platform-market-share/desktop-mobile-tabletWorldwidehttp:/guam/platform-market-share.

4. Startup Info Team, *7 Powerful Marketing Statistics for 2021*, Startup Info.com, 24 de mayo, 2021, https://startup.info/7-powerful-video-marketing-statistics-for-2021/.

5. Asociación Nacional de Corredores de Bienes Raíces, *Highlights from the Profile of Buyers and Sellers*, Research and Statistics, Research Reports, https://www.nar.realtor/research-and-statistics/research-reports/highlights-from-the-profile-of-home-buyers-and-sellers.

6. Statscounter, Global Stats, *Desktop vs. Mobile vs. Market Share Worldwide*. Recuperado el 1 de noviembre del 2021, https://gs.statcounter.com/platform-market-share/desktop-mobile-tabletWorldwidehttp:/guam/platform-market-share.

7. Startup Info Team, *7 Powerful Marketing Statistics for 2021*, Startup Info.com, 24 de mayo, 2021, https://startup.info/7-powerful-video-marketing-statistics-for-2021/.

8. Jordan Wittmeyer, *Roundabouts vs. Intersections: It's time to revolutionize the ways in which we travel*, Hamburg High School, enero 14, 2020. Recuperado el 1 de noviembre del 2021, https://storymaps. arcgis.com/stories/a8c16fc4646e443e9b26a5c641b6fbcd.

Capítulo 9

1. Lauren Cook, AMNY, *A Brief History of Blackouts in New York City*, 15 de julio, 2019, https://www.amny.com/news/ blackouts-nyc-1-33881190/.

2. Jim Rohn, *El arte de la vida excepcional*, Sound Wisdom. Recuperado el 1 de noviembre del 2021, https://www.goodreads.com/quotes/757767-there-are-some-things-you-don-t-have-to-know-how.

3. Kalina Christoff, Alan M. Gordon, Jonathan Smallwood, Rachelle Smith, Jonathan W. Schooler, *Experience Sampling During fMRI Reveals Default Network and Executive System Contributions to Mind Wandering*, PNAS, 26 de mayo, 2009, 106(21) 8719–8724. Recuperado el 1 de noviembre del 2021, https://doi.org/10.1073/pnas.0900234106.

4. Kris Snibbe, *Wandering Mind Not a Happy Mind*, The Harvard Gazette, 15 de julio, 2019. Recuperado el 15 de noviembre del 2021, https://news.harvard.edu/gazette/story/2010/11/wandering-mind-not-a-happy-mind/.

5. Bibliotecas de la Universidad Comunitaria de St Louis, *Classical Mythology— Greek*, Guías de investigación. Recuperado el 10 de noviembre del 2021, https://guides.stlcc.edu/c.php?g=154584&p=1015055.

6. Parkinson's NSW, *Four Happy Hormones*. Recuperado el 1 de noviembre del 2021, https://www.parkinsonsnsw.org.au/four-happy-hormones.

7. Lani Peterson, *The Science Behind the Art of Storytelling*, Harvard Business Publishing, 14 de noviembre, 2017. Recuperado el 10 de noviembre del 2021, https://www.harvardbusiness.org/the-science-behind-the-art-of-storytelling/.

8. Paul J. Zak, *Why Your Brain Loves Good Storytelling*, Harvard Business Review, 28 de octubre, 2014. Recuperado el 1 de noviembre del 2021, https://hbr.org/2014/10/why-your-brain-loves-good-storytelling.

9. *Ibid.*

10. Alan S. Brown, Kathryn Croft Caderao, Lindy M. Fields, Elizabeth J. Marsh, *Borrowing Personal Memories*, Psicología Cognitiva Aplicada, mayo/junio, 2015, Vol. 29, 3, 471–477, https://doi.org/10.1002/acp.3130. Recuperado el 1 de noviembre del 2021. https://onlinelibrary.wiley.com/doi/10.1002/acp.3130.

Capítulo 10

1. Universidad de Wisconsin-Extensión, *Taking Care of You: Body, Mind, and Spirit*. Recuperado el 10 de octubre del 2021, https://fyi.extension.wisc.edu/takingcareofyou/files/2018/09/3-hr-TCY-General-Overview.pdf.

2. Daniel Goleman, *Inteligencia emocional: por qué es más importante que el cociente intelectual*. Recuperado el 10 de octubre del 2021, https://www.danielgoleman.info/.

3. Taylor Dury, Keith McGowan, Danika Kramer, Cassie Lovejoy, *First Impressions: The Factors of Influence*, ResearchGate, enero, 2009. Recuperado el 10 de noviembre del 2021, https://www.researchgate.net/publication/241796494_First_Impressions_The_Factors_ of_Influence.

4. Universidad de Glasgow, *First Impressions Count, New Speech Research Confirms*, Medical Press, 22 de octubre, 2018. Recuperado el 21 de noviembre del 2021, https://medicalxpress.com/news/2018-10-speech.html.

5. Jon Michail, *Strong Nonverbal Skills Matter Now More than Ever in this New Normal*, Forbes Coaches Council, 24 de Agosto, 2020. Recuperado el 10 de noviembre del 2021, https://www.forbes.com/sites/forbescoachescouncil/2020/08/24/strong-nonverbal-skills-matter-now-more-than-ever-in-this-new-normal/?sh=2bfd677c5c61.

6. Erik Peper, I-Mei Lin, *Increase or Decrease Depression: How Body Postures Influence Your Energy Level*, Biofeedback, 1 de septiembre, 2012, 40(3): 125–130, https://doi.org/10.5298/1081-5937-40.3.01.

7. Linda Talley, Samuel Temple, *How Leaders Influence Followers Through the Use of Nonverbal Communication*, Leadership & Organization Development Journal, Emerald Publishing Limited, 2 de marzo, 2015, https://www.emerald.com/insight/content/doi/10.1108/LODJ-07-2013-0107/full/html.

Capítulo 11

1. George Bernard Shaw, *Book Browse Favorite Quotes*, Book Browse. Recuperado el 10 de noviembre del 2021, https://www.bookbrowse.com/quotes/detail/index.cfm/quote_number/445/the-single-biggest-problem-in-communication-is-the-illusion-that-it-has-taken-place.

2. Stanley Kubrick, enero 17, 2019, Twitter. Recuperado el 10 de noviembre del 2021, https://twitter.com/stanleykubrick/status/1085959944333971456.

3. Merriam-Webster, *Communication*. Recuperado el 24 de noviembre del 2021, https://www.merriam-webster.com/dictionary/communication.

4. James E. Grunig, Larissa A. Grunig, *La guía IABC de la comunicación organizacional*. Recuperado el 24 de noviembre del 2021, https://idr.abu.edu.ng/assets/docs/The%20IABC%20Handbook%20of%20Organizational%20Communication_%20A%20Guide%20to%20Internal%20Communication,%20Public%20Relations,%20Marketing%20and%20Leadership%20(J-B%20International%20Association%20of%20Business%20Communicators)%20(%20PDFDrive%20).pdf#page=35.

Capítulo 12

1. Robert Gilbert, Universidad Estatal de Montclair, recuperado el 1 de noviembre del 2021, http://gilbertsuccesshotline.blogspot.com/.

2. Keith E. Stanovich, Richard F. West, *Individual Differences in Reasoning: Implications for the Rationality Debate?* Behavioral and Brain Sciences, 2000, 23, 645–726. Recuperado el 1 de noviembre del 2021, https://pages.ucsd.edu/~mckenzie/StanovichBBS.pdf.

Capítulo 13

1. Kobe Bryant, *The Mind of Kobe Bryant: My Workout*, YouTube, 12 de septiembre, 2019. Recuperado el 10 de octubre del 2021, https://www.youtube.com/watch?v=3EHdbuisJzY.

2. Chris Bosh, *Chris Bosh's Basketball Hall of Fame Enshrinement Speech*, YouTube, 11 de septiembre, 2021. Recuperado el 10 de octubre del 2021, https://www.youtube.com/watch?v=naCn_91SuVU.

AGRADECIMIENTOS

"Por momentos, nuestra propia luz se extingue y vuelve a encenderse por una chispa que proviene de otra persona. Todos nosotros tenemos razones para pensar con una gratitud profunda en quienes han encendido nuestra llama interior".
—Albert Schweitzer

Estoy sentado aquí, en medio de este estado de emoción y cansancio, pero abrumado por toda la gratitud que siento por las personas increíbles que han influido en mi vida. Aquellas que creyeron en mí cuando yo no lo hacía. Aquellas que vieron en mí lo que yo no veía. Aquellas que me amaron lo suficiente como para impulsarme más allá de lo que creía posible. No hay palabras que puedan transmitir lo que significan para mí y cuánto las aprecio.

Gracias, mamá. Eres mi inspiración. Espero haberte enorgullecido. Este libro es una parte de tu legado. Gracias, Alex. Estoy increíblemente orgulloso de ti y de quién eres. Me retas a ser una mejor persona y a vivir según lo que creo. ¡Amo tu tatuaje! Gracias, Diego, por estos últimos dos años de ser tan independiente mientras esto surgía. Ver tu sonrisa cada noche me daba la fuerza para seguir adelante incluso cuando estaba cansado. Gracias, Roman, por ser un estallido de alegría vayas a donde vayas. Gracias, Tony Machado, por siempre incluirme como uno de tus hijos. Jamás lo olvidaré.

Quiero agradecerles a mis entrenadores de básquetbol por nunca engañarme y por forzarme a ir un paso más allá cada año, cosa que irónicamente me preparó para los rechazos de la vida. Quiero agradecerle al entrenador Ricky Suggs por ser el único entrenador que «me vio» y me dijo «siga lanzando; un buen lanzador está enfocado o estará enfocado. ¡SIGA LANZANDO!». Estoy aplicando eso en la vida ahora, entrenador. Quiero agradecerle a mi profesor favorito de todos los tiempos, el doctor Michael Neughton, por siempre estar dispuesto a hablar de filosofía conmigo y por impulsarme a pensar más sobre la ética, la fe, el trabajo y el ocio. Esas conversaciones me guían incluso hoy en día. Quiero agradecerle a Von Shepard por todas las conversaciones en su oficina y por la sabiduría que me impartió y que me guio en la universidad. Quiero agradecerle a Mike Fusek por contratarme y meterme en el negocio de los utensilios de cocina a los 18 años, justo después de que me sacaran del equipo de básquetbol. Él me dio mis primeros casetes de Zig Ziglar y de Jim Rohn y me llevó a que me entrenaran Tom Hopkins y muchos otros. Usted me salvó.

Quiero agradecerle al doctor Gary Johnson por creer en mí y enseñarme tanto sobre el cerebro. Si solamente supiera cuánto ha influenciado mi vida y las de miles de otros esa historia sobre el faro. Quiero agradecerle a Don Klassen por ser mi primer entrenador oral y por enseñarme sobre la influencia, los argumentos de cierre y GOSPA. Su impacto a una edad tan temprana me puso en el camino correcto. Quiero agradecerle a Eric Mitchel por continuar con lo de ese día en Ciao Bella hace 17 años. Míranos ahora, hermano. Quiero agradecerle a Tim Braheem por darme mi primer gran escenario en la Conferencia BP08 de Las Vegas, para el Team America, y «el reloj». Quiero agradecerle a Marcelo Montero por ser mi mentor y guiarme para ser un mejor líder. No puedo expresar cuán afortunado soy por tener su guía y experiencia de mi lado. Usted me ha hecho mejor a pesar de que me resistí por momentos. Quiero agradecerle a Ryan Estis por toda su mentoría, guía y generosidad para ayudarme a construir mi negocio de conferencias. Espero que vea este libro y esta marca como un testimonio del trabajo increíble que hace. Quiero agradecerle a Seth Mattison por toda la colaboración y energía a lo largo del viaje. Su humildad y búsqueda incansable de la excelencia me impulsan a seguir creciendo. Quiero agradecerles a Don y a Gino por crear el Momentum Builder durante la pandemia, que fue como Mike Campbell de Wiley me encontró. Gracias por entender mi visión, Mike. Quiero agradecerle a Susan Marks por su incansable trabajo para ayudarme a crear un mensaje cohesivo de lo que a veces se sentía como una cantidad imposible de contenido. Quiero agradecerle a Mark Madsen por crear mi primer blog y siempre tener tiempo. Quiero agradecerle a Matt Walsh por su brillantez al ayudarme a impulsar la marca AMPLIFII™ y por presentarme a Josh. Quiero agradecerles a Matt Emery y a Dennis Warden por impulsarme a hacer un evento público de AMPLIFII™ y por inventarse el nombre AMPLIFII™.

El equipo

Gracias, **Sam Parker**, por ser la primera transformación documentada. Tu video le ayudó a la gente a entender el poder de este proceso y el ser humano increíble que eres.

Gracias, **Dave Savage**, por tu amistad y por ver el valor de este trabajo. Eres una parte muy grande de esta historia ¡y no hemos acabado! *saludo con los puños*.

Gracias, **Elizabeth Hall**, por enseñarme lo que significa ser un líder. Por siempre estar de mi lado y por impulsarme a crecer. ¡El plan está funcionando!

Gracias, **Josh Blattermen**, por descubrir mi *ethos* y permitirme encontrar las palabras para explicar el trabajo demente que hago.

Gracias, **Jorge Castillo**, por tu diseño brillante y la pasión que sientes por este trabajo. Eres un humano tremendamente especial, amigo mío. ¡Aún no sé cómo encontraste lo de «neuro» en mi nombre!

Gracias, **Ryan Grams**, por compartir tu genialidad conmigo y ayudarnos en medio de estos tiempos locos. Eres único, hermano.

Gracias, **Tristan Sagastume**, por capturar tantas historias que me ayudaron a correr la voz sobre este trabajo. Tienes un futuro brillante, amigo mío.

Gracias, **Jenny Salimi**, por bajar de los cielos para construir este negocio conmigo. No puedo pensar en una persona más perfecta para hacer lo que haces. ¿Puedes creer lo lejos que hemos llegado?

Gracias, **Oscar**, por ser mi primo (hermano). Me enfocas en la familia. Estoy muy orgulloso de ti y de quién eres.

Gracias, **Jeff, Sandy, Shannon, Parker, Weston y Aspen**, por aceptarme en su familia. No puedo expresar lo afortunado que soy por tenerlos en mi vida. El amor y el apoyo que me han dado durante este proceso es difícil de explicar, pero lo he sentido por completo. Los amo.

Y por último…

Gracias, **Maddy**. Recuerdo cuando estábamos cenando el año pasado y discutiendo la idea de escribir este libro. Me forzaste a enviarles tres *e-mails* a los editores con los que estaba conectado en LinkedIn mientras estábamos en nuestra cita. En ese momento supe que eras diferente y amé eso. Gracias por encargarte de todo cuando Wiley me contactó, por decidir las fechas de entrega, por ejecutar el contrato y por crear un plan para escribir este libro. Una vez que estuviste al mando, ya no había vuelta atrás porque este proyecto estaba sucediendo. Organizaste todos los eventos y los tiempos de escritura para que pudiera llegar a todas las entregas sin retraso. Me impulsaste incansablemente a pesar de que estábamos en medio de nuestra época más ocupada de la vida. Me recordaste con constancia por qué lo estábamos haciendo y lo bien que me sentiría cuando lo acabara todo. Y aquí estamos.

No podría haber hecho esto sin ti, Maddy. Gracias por impulsarme siempre a ser mi mejor versión. Te amo.